JN418700

그래도 한국이 좋아

그래도 한국이 좋아

초판 1쇄 발행 2012년 7월 4일

지은이 | 이종호

펴낸이 | 김우연, 계명훈
편 집 | 손일수
마케팅 | 함송이, 강소연
디자인 | 김낙현

펴낸곳 | for book
주 소 | 서울시 마포구 공덕동 105-219 정화빌딩 3층
문 의 | 02-752-2700(에디터)
인 쇄 | 애드샵

출판 등록 | 2005년 8월 5일 제2-4209호
값 | 13,000원
ISBN : 987-89-93418-43-9 03810

그래도 한국이 좋아

이종호 지음

for book

책머리에

미국 생활을 시작한지 벌써 10년이 넘었다. 그럼에도 나는 여전히 한국을 잊지 못한다. 나만 그런 것이 아니다. 20년이 되고 30년이 된 주위의 많은 분들 역시 '한국인'으로 살고 있다. 한국 사람들과 어울리고, 한국 신문을 보며, 한국 방송을 듣고, 한국 드라마를 보며 살아간다. 햄버거와 피자보다 밥과 김치를 먹어야 속이 편하고, 오바마나 롬니보다 박근혜, 안철수 이야기를 더 재미있어 한다. 몸은 미국에 있지만 생각과 관심은 여전히 한국을 향해 있는 그들, 미국 이민자들이 바라보는 한국의 현재는 어떤 모습일까?

이 책에 실린 글들은 이런 질문에 대해 나올 수 있는 여러 대답의 몇몇 조각들이다. 그동안 「LA중앙일보」에 썼던 필자의 '풍향계' 칼럼 중에서 한국과 관련된 것들만 간추려 모았다. 글 중에는 한국 사회에 대한 부러움 섞인 칭찬도 있고, 부끄러운 행태에 대한 안타까움도 있다. 한국인의 핏속에 흐르는 고유의 특성도 찾아보려 했다. 유명 인사들에 대한 평가와 소감도 적었고, 나와 우리의 꿈을 이루기 위해 필요하다고 생각되는 이런저런 방법들도 담았다. 그러나 모든

글의 근저에는 두고 온 고국에 대한 짙은 애정이 깔려 있다는 것은 밝히고 싶다.

글을 쓰는 것이 갈수록 어렵고 조심스럽다. 비평과 비판이 두려운 것이 아니라, 내 스스로 내 글에 부끄럽지 않은 삶을 얼마나 잘 살아내고 있느냐 하는 두려움 때문이다. 어지러운 세상을 더 어지럽히는 허언虛言을 쏟아놓기 보다는 아름다운 세상을 더 아름답게 만드는 금언金言을 캐는 그 날에 속히 이를 수 있기를 바랄 따름이다.

많은 글을 썼지만 책을 세상에 내놓기는 이번이 처음이다. 무엇보다 포북출판사 계명훈 사장의 힘이 컸다. 가장 먼저 감사의 마음을 전한다. 출판을 준비하는 기간 내내 서울 잠실교회로 부임해 가신 림형천 목사님을 자주 떠올렸다. 미국 생활 내내 정신적 자양분을 제공해 주었을 뿐만 아니라, 어떤 마음으로 글을 쓰고 세상에 내놓아야 하는지를 일깨워 주신 분이기 때문이다. 균형 잡힌 글쓰기가 무엇인지를 보여 준 「미주중앙일보」 김완신 논설실장, 항상 긍정의 에너지로 힘을 주는 친구이자 동료 이원영 국장에게도 감사를 표하고 싶다.

끝으로 글을 쓸 때마다 최초의 독자로, 따가운 비평자로 나의 무딘 펜 끝을 벼려주고 있는 아내 승은, 그리고 늘 삶의 기쁨이 되어 주는 사랑하는 아들 한웅에게도 고마움을 전한다.

2012. 7. 4.

CONTENTS

책머리에 • 4

1부 | 꿈이 있는 삶

쳇바퀴 인생에서 벗어나고파 • 13
이해 못 할 사람은 없다 • 17
그래, 나 작다. 왜? • 20
막걸리와 선덕여왕 • 24
당신의 남자는 어떠십니까? • 28
올라갈 때 보지 못한 그 꽃 • 32
호랑이의 '쪼잔한' 사냥법 • 36
소식素食, 소식小食, 소식笑食 • 40
'착한 여행'을 아시나요? • 43
환경을 살리는 작은 실천 • 47
300년 후 한국은 없다 • 51
노안老眼이 왔다 • 54
유쾌하게 나이 드는 법 • 57
명심하자, 건처재사붕 • 61
가장 확실한 노후 투자 • 64

2부 | 역사에서 배우는 리더십

내가 바로 리더다 • 71
집단지성의 힘 • 75
카이사르는 멋졌다 • 78
들어라! 길이 보일 것이다 • 82
내가 뽑고 싶은 지도자 • 86
제발 눈높이를 낮추세요 • 90
로토 떨어졌다고 세상이 끝나나 • 94
역사를 바꾸는 힘 • 98
CEO들은 왜 인문학을 공부할까? • 101
역사고시歷史考試를 아시나요? • 104
우리 역사가 부끄러우십니까? • 107
그때만 생각하면 • 111
함부로 전쟁을 이야기하지 말라 • 114
화해하라, 시간이 없다 • 117
노무현은 한국의 오바마였다 • 120

3부 | 사람이 희망이다

한국 교회와 시대정신 • 125
지성과 영성보다 더 중요한 것 • 128
매달 60만 불을 벌어야 하는 이유 • 131
몇 번이나 죽으려고 했습니다 • 135

진정성의 힘 • 139
나이보다 10년 더 젊게 사는 법 • 143
세시봉 친구들의 멋진 노년 • 147
세월은 가도 노래는 남는구나 • 151
비싸도 잘 팔리는 이유 • 155
어느 여배우의 '상식 파괴' • 161
이것이 소통이다 • 165
배우인가, 멘토인가? • 169
적은 내 안에 있다 • 173
3류 드라마는 이제 그만! • 176
우리 문화의 대표선수 '한글' • 180

4부 | 부끄러운 자화상

못났다, 참 못났다 • 185
우리가 언제부터 그리 잘났던가? • 188
또 '개~'를 뽑을 것인가? • 192
발정난 대한민국 • 195
재벌가 형제들은 왜 싸울까? • 199
양심에 대한 예의 • 203
거친 입, 거친 말 • 206
우리끼리 벌인 잔치 • 209
자기들만 아는 이름 • 213
더 크게, 더 요란하게 • 217

화려한 싱글보다 초라한 더블이 낫다 • 220
영화배우 김추련은 왜? • 224
신기루를 좇는 부나비들 • 227
붓글씨는 진화하는데 • 230
나눠서 가는 수학여행 • 233
명품 브랜드와 짝퉁 인생 • 237

5부 | 한국인의 유전자

한국인의 얼굴 • 243
강남이 좋다지만 • 247
나는 지방색이 좋다 • 251
성씨의 고향 • 255
직업과 스트레스 • 259
내 눈을 의심했다 • 263
'녹색 영토' 그리고 유쾌한 상상 • 267
싫다, 밉다, 그렇지만… • 270
한국말이 그렇게 어려운가? • 274
한국의 맛을 세계로 • 278
이중국적자와 이중인격자 • 282
제 얼굴에 침 뱉기 • 286
자식 앞에는 대책이 없다 • 290
스피드 티켓을 받다 • 294
흉보면서 따라간다 • 298

1부 / 꿈이 있는 삶

쳇바퀴 인생에서 벗어나고파

_ 사막에서 살아 나오는 세 가지 방법

사막에서 길을 잃은 사람이 대부분 죽는 이유는 아무리 걸어 봤자 다시 제자리로 돌아오기 때문이라고 한다. 눈으로 덮인 산속에서도 마찬가지다.

알프스 산맥에서 어떤 사람이 눈보라에 길을 잃고 헤매다 10여 일 만에 구출된 일이 있었다. 흥미로운 것은 그가 구출되던 날까지 매일 12시간씩을 걸었는데, 나중에 알고 보니 길을 잃은 장소로부터 반경 6킬로미터 이내에서 왔다 갔다 했다는 것이다.

실제로 눈을 가린 채 넓은 공터를 걸어 보면 20미터를 지나면 4미터 가량 치우치게 되고, 100미터쯤 가면 결국 큰 원을 그리며 도는 형태가 된다. 이를 '윤형방황輪形彷徨'이라고 한다. 둥근 바퀴 모양으로 빙빙 돌며 헤맨다는 뜻이다. 사람 사는 모습도 마찬가지인 것 같다. 새해가 되면 늘 새로운 결심, 새로운 출발을 다짐하지만 연말이 되어 돌아보면 어느새 제자리로 돌아와 있곤 한다. 왜 그럴까?

사막에서 윤형방황을 이겨내는 방법은 몇 가지가 있다. 나침반에 의지하거나 밤에 북극성을 찾아 방향을 확인하는 것이다. 그것이 아니라면 자신의 생각대로 과감히 성큼성큼 걸어가되, 30걸음쯤 가다가 잠시 멈춘 다음 다시 30걸음을 걷고 또 멈추고를 반복하면 된다고 한다.

이 역시 우리 삶에 그대로 적용할 수 있을 것 같다. 계획한 일이 뜻대로 되지 않을 때, 다람쥐 쳇바퀴 돌듯 계속 같은 자리를 맴돌기만 할 때, 우선 뚜렷한 목표나 좌표를 떠올려 보는 것이다. 그 다음에는 처음 소신대로 좀 더 과감하게 전진하거나, 가끔은 걸음을 멈추고 처음 시작했을 때의 초심을 가다듬어 보는 것이다.

2011년에 『인생은 속도가 아니라 방향이다』라는 책이 화제를 모았던 적이 있다. 하버드대 박사 출신의 임마누엘 페스트라이쉬(한국명 '이만열') 교수가 한국에 살면서 보고 느낀 것을 기록한 에세이집인데, 그 책에 이런 이야기가 나온다.

명明나라를 세운 주원장(朱元璋, 1328~1398)은 가난으로 한때 절에서 자랐다. 그가 천하를 놓고 장사성과 마지막 대결을 벌일 때의 일이다.

적을 포위하기 위해 몰래 적의 후방으로 돌아가고 있는데, 좁은 계곡 한 가운데 알을 품고 있는 산오리 한 마리를 발견했다. 새끼 품은 짐승을 해치면 업보를 받는다는 동자승 시절의 가르침이 떠올랐다.

주원장은 결국 작전을 포기하고 오리가 부화해 어미와 함께 비킬 때까지 여러 날을 기다리기로 결정한다. 그 사이 작전은 새 나갔고, 이내 수세에 몰렸다. 그런데 뜻하지 않은 일이 벌어졌다. 적의 장수들이 부하를 거느리고 투항해 오는 것이었다. 천하를 다투는 전쟁터에서 한낱 오리의 생명을 위해 작전을 포기할 정도의 인간적인 장수라면 자신들의 미래를 맡길 만하다고 판단한 것이다. 이것이 바로 화살 한 발 쏘지 않고 천하를 얻은 주원장의 리더십이다.

요즘 눈으로 보면 믿기 어려운 황당한 이야기일 수도 있겠다. 하지만 당장 눈앞의 이익에만 급급하며 살아가는 요즘의 우리에게 어떻게 사는 것이 더 의미 있는 삶인지를 생각하게 해주는 일화라는 점에서 시사하는 바가 작지 않다.

새해가 시작될 때마다 하릴없이 나이만 한 살 더 먹었다는 생각만 들 뿐, 별다른 감정을 느끼지 못한다는 사람이 많다. 내가 만일 그렇다면 지금 '윤형방황'의 수레바퀴에 빠져 있지는 않은지 돌아볼 일이다. 일에 치이고 생활에 쫓겨 삶의 목적과 방향조차 잃어버린 채 날마다 살아가고 있지는 않는지 점검해 볼 일이다.

아무리 멋지고 값비싼 차라도 핸들과 브레이크가 제대로 작동하지 않으면 소용이 없다. 가고자 하는 방향으로 바로 갈 수 있어야 하고,

멈춰 서야 할 때 제대로 멈출 수 있어야 한다는 말이다.

내 인생의 핸들과 브레이크는 어떤가? 그것들이 제대로 작동하고 있는지 점검하며 매일 매일을 보내는 것도 의미가 있을 것 같다.

이해 못 할 사람은 없다

_ 서로 다른 네 가지 유형의 성격

한국의 이혼율은 이미 세계 최고 수준이다. 통계청 자료에 의하면 2009년에만 12만4천 쌍이 갈라섰다. 나이로 보면 남자는 40대 초반, 여자는 30대 후반이 가장 많았다. 이혼 사유로는 성격 차이(47.7%)가 거의 절반에 이르고, 경제적 문제(14.2%)와 배우자의 부정(8.1%), 가족 간의 불화(7.7%), 폭행(5.0%) 등이 뒤를 이었다.

역시 성격 차이이다. 너와 내가 서로 다르다는 것을 모르진 않았을 것이다. 그런데도 자꾸 망각한다. 서로를 세워 주기는 고사하고 만나지 아니함만 못한 관계가 되고 만다. 그러다가 결국 돌아선다. 부부 사이만 그런 게 아니다. 동업자, 거래처, 심지어 친구까지도 이해하지 못해 등 돌리고 척을 진다.

최근 한 세미나에 참석했다가 성격 유형을 알아보는 테스트를 받아본 적이 있다. 간단히 소개하자면 이렇다. 대부분의 사람은 '주도형, 사교형, 안정형, 신중형'의 네 가지 유형으로 나뉜다. 기준은 일(목표) 중심이냐 사람(관계) 중심이냐 하는 것과 외향적이냐 내성적이냐 하는 것 두 가지다.

목표 지향적이면서 외향적인 사람은 '주도형'이다. 이런 사람은 매사에 자신감이 넘치고, 추진력이 강하다. 하지만 너무 조급하고 통제받는 것을 참지 못한다. 또한 독단적이라서 남에게 상처를 잘 주기도 한다. 세상이 진보하고, 조직이 발전하는 것은 이런 사람들 때문이다.

'사교형'은 외향적이긴 하지만 목표보다는 인간관계가 더 중요하다. 낙관적이고 열정적이며, 사람들에게 인기가 많다. 또한 아이디어가 끊임없이 샘솟지만 끝마무리가 부족하고, 즉흥적이거나 충동적이라는 게 단점이다. 어떤 모임이든지 이런 사람이 있어야 재미가 난다.

일보다는 사람을 중시하면서 내성적인 사람은 '안정형'이다. 끈기가 있고 협조적이며, 남을 잘 배려한다. 정이 많아 "우리가 남이가!"라는 말에 꼼짝을 못한다. 나서기를 싫어하며, 변화에 소극적이고 우유부단하다는 게 약점이다. 그래도 세상의 평화는 이런 사람들이 있어서 유지된다.

마지막으로 목표 지향적이지만 내성적인 사람은 '신중형'이다. 이런 사람들은 꼼꼼하고 분석적이며, 자기 통제력이 강하다. 지나치게 조심스럽고 융통성이 부족하며, 자발성이 약하다는 게 단점이다. 또한 비판하기를 좋아하고, 자신에 대한 비판에 상처를 잘 입는다는 것도 특징이다. 이런 유형의 사람은 학자나 전문가 그룹에 많다.

사람들을 이렇게 유형별로 나눠 보는 이유는 우리가 얼마나 서로 다른가를 알자는 데 있다. '저 사람은 원래 저래.' '저 친구는 천성이 그런 거야!' 이렇게 생각하면 내 마음에 안 든다고 비난할 일도 없고, 어지간한 행동에도 오해를 하거나 상처 받을 일이 없어진다.

그러나 성격 유형 테스트의 진짜 효용은 내가 어떤 사람인지 알게 된다는 데 있다. 세상이 나 위주로 돌아가는 것이 아니라 세상 돌아가는 것에 나를 맞추는 것이 훨씬 더 쉽고 편한 일임을 깨닫는 것이다.

남을 바꾸기는 어렵다. 하지만 나를 바꾸는 것은 나 하기에 달렸다. 이제까지와는 전혀 다른 눈으로 사람을 보는 것은 손쉽게 나를 바꾸는 방법 중의 하나다. 꽃 한 다발을 선물해도 더 예쁘게 보이는 쪽으로 내밀려 한다. 화분 하나를 들여놓아도 가장 아름답게 보이는 방향으로 놓으려고 애를 쓴다. 식물도 그러한데, 하물며 사람임에랴.

먼저 부부끼리, 가족끼리라도 좋겠다. 아니 직장 동료, 거래처 사람들, 선후배 누구라도 상관없다. 살아가면서 까닭 없이 미웠거나 싫었던 사람이 있었는가? 그렇다면 한 번쯤 시각을 달리해서 바라보자. 안보이던 장점도 불현듯 보일 것이다. 내가 먼저 손을 내밀고, 일부러라도 칭찬거리를 찾자. 관계가 훈훈해지고 세상이 달라 보일 것이다.

이것 하나만 잘 실천해도 우리의 하루하루는 성공적인 삶으로 기억될 것이다.

그래, 나 작다. 왜?

_ '키 작은 남자'의 대박 스토리

'키 작은 남자' 라는 온라인 쇼핑몰의 연간 매출액은 200억 원(1,800만 달러)이 넘는다. 몇 년 전 전문대학을 중퇴한 스물다섯 살 젊은이가 시작했다. 권명일 사장. 그의 키는 171센티미터. 요즘 젊은이들 평균 키에 한참 못 미친다. 그 스스로 키 작은 남자로서 무수한 애환을 겪었다.

자신과 비슷한 사람들에게 희망을 주고 싶었다. 키가 작아도 얼마든지 행복할 수 있다는 걸 보여주고 싶었다. 이런 이유로 쇼핑몰을 만들었고, 키 작은 남자들만을 위한 옷과 신발 등을 가져다 팔았다. 결과는 대박. 창업 1년이 못 돼 한국의 대표적인 의류 쇼핑몰이 됐다.

그러나 대박의 진짜 이유는 따로 있었다. 요즘 한국 남자들은 대부분 자신이 작다고 느낀다. 키 180센티미터인 사람조차도 자기 키가 작다고 생각한다. 그런 사람까지 쇼핑몰을 찾게 만들었다. 고객의 조건을 '키 160~180센티미터인 남자'로 정한 것이다. 결과적으로 90%의 남자들이 '키 작은 남자'의 잠재 고객이 됐다.

'개그콘서트'라는 TV 프로그램이 있다. 웃을 일 많지 않은 시대에 웃음을 듬뿍 나누어 주는 고마운 프로그램이다. 나는 그중 '애정남(애매한 것을 정해 주는 남자)', '사마귀 유치원', '비상대책위원회' 같은 코너를 즐겨 본다. 또한 각종 편견과 오해로 시달리는 남자들의 애환을 풍자한 '4가지'라는 코너도 빠뜨리지 않는다. 모두가 날카로운 세태 풍자와 상식을 비트는 해학이 좋아서다.

또 하나. '불편한 진실'이라는 코너도 빠뜨리지 않는다. 재미가 있긴 했지만, 얼마 전까지만 해도 이 코너를 보는 것이 불편했다. 진행자 황현희가 작은 키 때문에 늘 무시당하는 포맷으로 진행되었기 때문이다.

키 큰 출연자들은 그의 키높이 구두를 벗기거나 깔창을 빼어 던지며 조롱한다. 카메라는 '키 작은 남자'의 굴욕(?)을 보여주고, 관객들은 그것을 보며 즐거워한다. 그것이 정말 즐거워만 할 장면인가 싶을 정도로…….

요즘 한국에서는 키 180센티미터 이상의 남자들만 '위너(winner, 승리자)' 로 불린다. 나머지는 모두 '루저(loser, 패배자)' 취급을 받는다. '불편한 진실'은 이런 세태를 코미디 소재로 삼았다. 하지만 타고난 신체 조건을 희화화하는 것은 아무래도 아닌 것 같다. 안 그래도 차별이 만연한 나라다. 학력 차별, 나이 차별, 남녀 차별, 빈부 차별에 요즘은 인종 차별도 심상찮다. 거기에 이젠 방송이 앞장서서 외모 차별까지 부추기고 있는 꼴이다.

신체적 특성으로 우열이 정해지는 사회는 그만큼 비문명 사회라는 증거다. 스스로 택한 것이 아닌 조건들로 인생의 많은 것이 결정되는 사회는 그만큼 불공정, 불공평한 사회다. 약한 자, 작은 자, 부족한 자를 품을 줄 아는 사회가 건강한 사회다.

언젠가 흥미롭게 읽었던 기사에서 조선시대 사람들의 평균 키가 남자는 161.1센티미터, 여자는 148.9센티미터밖에 되지 않았다는 서울대 의대의 연구 결과를 본 적이 있다. 2010년 기준으로 한국인 평균 키는 남자가 174센티미터, 여자는 160.5센티미터였다. 그러니 300~400년 전의 우리 조상들은 지금의 우리들보다 10센티미터 이상 작았다는 얘기다. 멀리 갈 것도 없다. 1970년대까지도 한국 남성의 평균 키는 170센티미터가 되지 않았다. 그렇다고 그들이 모두 '루저'였던가? 오늘의 한국을 만든 주역들은 모두 그들 '키 작은' 우리의 부모 조상들이 아니었던가!

요즘 한국 젊은이들은 확실히 키가 크다. '체력은 국력'을 넘어 '국력은 체격'임을 실감한다. 하지만 진짜 국력은 번듯한 외모가 아니라 다양성 속에서 나온다는 것을 기억해야 한다. 그리고 그 다양성은 있는 그대로를 인정하고 받아들이는 아량과 배려에서 출발해야 한다.

온라인 쇼핑몰 '키 작은 남자'의 권명일 사장이 좋은 예다. 그는 키가 작아서 괴로워하는 남자들을 그냥 지나치지 않았다. 그들에게 '희망'과 '자신감'이라는 상품을 팔아 대박을 터뜨렸다. 그러나 그보다 더 인상적인 것은 그가 키 작은 사람들의 한숨을 긍정의 에너지로 바꿔주고 있다는 사실이다. 사업을 한다면 이런 것이 진짜 멋진 사업이 아닌가.

막걸리와 선덕여왕

_ 내 인생의 히트 상품은 뭘까?

아무리 어렵다 어렵다 해도 되는 곳은 된다. 팔리는 상품은 팔린다. 2009년에 삼성경제연구소가 선정했던 대한민국 10대 히트 상품 목록을 보면 재미있다.

1. 막걸리, 2. 신종플루 대응 상품, 3. 김연아, 4. LED TV, 5. 스마트폰, 6. 드라마 「선덕여왕」, 7. 걸 그룹, 8. 도보 체험 관광, 9. 보금자리 주택, 10. KT 쿡

미국에서 살다 보니 한국의 히트 상품이 피부에 와 닿지 않는 것도

있지만, 대체로 고개가 끄덕여진다. 무엇보다 막걸리가 첫 번째로 뽑힌 게 놀랍다. '격세지감'이란 이럴 때 쓰는 말일 것이다. 1980년대 이전 전 국민의 술이었던 막걸리가 하층민이나 마시는 싸구려 술로 전락한 듯싶더니 어느새 다시 화려하게 부활했기 때문이다.

막걸리는 쌀이 주재료여서 곡주이고, 탁하게 빚어서 '탁주'라고도 한다. 농민들이 주로 마셨다고 해서 '농주'라는 별칭도 있다. 밥풀이 그대로 떠 있는 동동주도 막걸리의 한 종류다. 쌀 외에 찹쌀, 옥수수, 조 등 다양한 곡류로도 만들 수 있다. 영양도 풍부하다. 발효 과정을 거치면서 단백질, 탄수화물, 비타민, 미네랄과 생리활성물질, 생효모 등이 만들어지기 때문이다. 그래도 술은 술, 6~7도 정도의 알코올 도수를 가졌다.

이런 막걸리를 두고 요즘 한국은 새로운 문화 코드라도 발견한 듯 온통 난리라고 한다. 일본에서도 미국 동포 사회에서도 막걸리가 불티나게 팔린다는 소리가 들린다. 고교 후배의 부친은 부산에서 막걸리 공장을 하시는데, 그분께서도 "지난 20년간 겨우 겨우 버텨오다가 작년과 올해 2년 만에 그동안의 어려움을 몽땅 만회한 것 같다."라고 말씀하시며 막걸리 붐을 반기셨다.

히트 상품으로 TV 드라마가 뽑힌 것도 이채롭다. 「선덕여왕」은 기존 사극의 고루함을 벗어 던지고 미실, 덕만, 비담, 유신, 춘추 등 역사 속 인물들을 입체적인 캐릭터로 되살려 내 큰 관심을 모았다. 나 역시 사실과 허구를 넘나드는 이 드라마로 인해 즐거운 한 해를 보낼 수 있었다.

소녀시대, 원더걸스 같은 걸 그룹은 20세 전후의 발랄한 여자 가수들로 소위 '삼촌 부대'라는 중년 팬까지 만들어 냈다. 제주도 올레길 걷기 같은 도보 체험 관광은 한국을 찾는 동포들도 다투어 다녀올 정도로 인기다. 그 길이 스페인의 산티아고 순례길보다 낫다는 얘기도 자주 듣고 있는 실정이니, 언젠가 나도 한 번은 가봐야겠다는 생각이 들었다.

그러고 보니 한 해의 히트 상품 역시 시대가 요구하는 흐름을 읽었다는 공통점이 있다. 즉 우울하고 힘든 세태에 위안과 희망을 띄워 준 것들이라는 말이다.

상품에도 히트가 있듯이 우리의 삶도 때때로 히트 상품이 있다. 무명의 야구 선수가 일생일대의 멋진 홈런을 날렸다면 그게 바로 히트다. 피나는 노력 끝에 보란 듯이 자신의 꿈을 이루어냈다면 그게 히트다.

인식을 못해서 그렇지 인생을 살면서 정말 이것만은 잘했다 싶은 것이 있다면 그것도 히트 상품이다. 사랑하는 배우자를 만나 것, 나보다 잘 난 자식을 둔 것, 뜻이 맞는 친구를 가진 것, 땀 흘려 수고하는 일터에 몸담은 것, 항상 굳건할 수 있는 신앙을 갖게 된 것, 따져보면 이런 것들이 모두 인생의 히트 상품이 될 수 있을 것이다.

그런 것만으로는 뭔가 밋밋하다고? 그래서 더 극적인 뭔가가 있기를 바란다면, 전문가의 조언에 귀 기울여 볼 수도 있겠다. 『히트 - 불가능을 가능으로 만드는 에너지』(허태근 지음)라는 책에서 저자는 세상의 모든 히트 사례에서 발견되는 공통분모는 'HIT'라는 이니셜로 풀어 놓았다. 그것은 세 가지 요소 곧 'Heart(가슴)', 'Idea(아이디어)', 'Training(연습)'의 조합이다. 가슴으로 상대의 마음을 움직이고, 머리로 아이디어를 내고, 손발을 움직여 열심히 달리면 개인이든 조직이든 반드시 히트하게 되어 있다는 것이다. 그러나 발은 땅을 딛고 있어야 한다. 너무 큰 꿈 때문에 정작 현실에서는 아무것도 하지 못하고 있는 사람들에게 이 책은 권고한다.

"제 아무리 거대한 꿈이라도 오늘의 작은 그림을 제대로 완성하지 않고서는 결코 그려지지 않는다. 먼 미래에만 얽매이지 말고 지금 당장 할 일부터 해라. 거대한 꿈에 짓눌리기보다 오늘부터 바꿔라."

인생을 획기적으로 바꿔 줄 홈런은 아무나 칠 수가 없다. 대신 작은 안타는 노력만 한다면 누구나 쳐 낼 수 있다. 새해를 맞이할 때는 거창한 계획보다 하나라도 실천할 수 있는 작은 계획부터 세워 보자. 그런 것들이 모여 특별한 인생을 만든다. 히트 인생은 그렇게 만들어진다.

당신의 남자는 어떠십니까?

_ 남자를 울리는 '남자의 자격'

'남자의 자격', TV 예능 프로그램 제목이 아니다. 이 땅의 남자들이 눈물겹게 매달려야 할 냉정한 현실이다.

인터넷에 떠돌던 '괜찮은 남자의 자격'이란 유머가 있었다. 몇 가지만 소개하면 이렇다.

1. 공짜보다 공자에 더 관심 가지는 남자
2. 박사보다 밥 사는 남자
3. 안주하기보다 완주하기 위해 노력하는 남자

4. 포용력보다 포용력이 있는 남자

5. 정력적이기보다 정열적인 남자

웃자고 한 말들이겠지만 고개가 끄덕여진다. 그러나 아무리 이런 조건들을 다 갖추어도 결정적인 하나가 없으면 무능하다는 소릴 들을 수밖에 없는 것이 세태다. 그것은 돈이다. 경제적 능력이다.

비극은 여기서 시작된다. 오직 하나의 자격, 돈 잘 버는 남자가 되기 위해 세상의 모든 남자들은 앞뒤 돌아볼 겨를 없이 내달리는 천리마가 되어야 한다. 남의 사정 헤아릴 것 없이 자기 이속만 챙겨야 한다.

이를 확인해 주듯 '나쁜 남자'일수록 경제적 능력이 뛰어나다는 연구 결과가 나오기도 했다. 미국 코넬대 인적자원연구소에서 20년간 1만 명을 조사한 결과, 직장에서 자주 분쟁을 일으키는 '못된 남성'의 연봉이 '마음 좋은 남성'보다 평균 9,772달러나 높았다는 것이다. 한국 돈으로 1천만 원이 넘는다. 왜 그럴까? 직장에서 요구하는 '강한 남성'으로 성질 고약한 사람이 더 부합될 뿐만 아니라, 연봉 협상 과정에서도 훨씬 더 강하게 밀어붙이기 때문이라는 것이다.

대부분의 마음씨 좋은 보통 남자들에겐 우울한 이야기가 아닐 수 없다. 그렇지만 아무리 연봉이 많아도 자신이 '못된 남자'라서 그렇게 됐다고 여길 사람은 없을 것 같다. 그 역시 어려운 상황이 있었고, 나름대로 더 노력했기 때문에 얻어진 결과라고 여기지 않을까?

사람들은 누구나 자신의 처지를 가장 힘들다고 생각한다. 실제로

이 세상 남자들의 일상은 매일 매일이 전투다. 하루쯤 쉬고 싶어도, 자신만의 시간을 갖고 싶어도 그럴 여유가 없다. 자식들이 좀 더 크고 나면, 은퇴하고 나면, 그때부터는 행복해질 수 있으리라는 막연한 기대 하나로 오늘을 버틴다. 현재의 재미와 행복은 기꺼이 반납하면서. 그게 남자다.

도대체 '남자의 자격'이 무엇이길래? 수돗물 틀어 놓고 혼자 울지언정 아무리 답답해도 어디 가서 하소연도 못한다. 화가 나도 참고, 슬퍼도 눈물을 삼켜야 한다. 돈을 못 벌면 괴롭고, 잘 벌어도 외롭다. 그렇게 자신을 억누르며 사는 것이 남자다.

남자는 시한폭탄이다. 억눌린 것은 터져 나오기 마련이다. 술로, 분노로, 적개심으로, 그리고 죽음에 이르는 온갖 질병들로. 남자의 평균수명이 여자보다 10년이나 짧은 데는 다 이유가 있다.

해법은 없을까? 『나는 아내와의 결혼을 후회한다』, 『남자의 물건』이라는 책을 써서 세상 남자들의 기 살리기에 앞장서고 있는 문화심리학자 김정운 교수는 이 땅의 '불쌍한 남자들'을 위해 이렇게 조언한다.

> "더 이상 '나를 바꾸라'는 어설픈 성공 처세서는 이제 그만 집어치워라. 억지로 변화하려고 노력하지 말고 나는 잘 변화되기 힘든 사람임을 인정하라. 그리고 지금 당장 재미있게 사는 쪽으로 삶의 맥락을 바꾸어 보라."

맞는 말이다. 무엇을 향해 그렇게 달려가는가? 그렇게 뛰기만 하면 자신은 언제 돌아보나? 아이와의 단란한 시간, 부부간의 오붓한 대화, 그리고 하늘과 나무, 풀과 꽃도 들여다봐야 할 그런 여유는 도대체 언제 가져본다는 말인가?

아무리 이렇게 말해도 남자들은 자고 나면 다시 또 달릴 것이다. '남자의 자격'으로부터 온전히 자유로울 수 있는 강심장은 결단코 없을 것이기에. 그렇다면 답은?

고삐는 여성이 쥐고 있다. 내달릴 줄만 아는 말을 멈추게 하고, 풀을 뜯게 하고, 잠시 숨이라도 고를 수 있게 할 수 있는 것은 오로지 여자뿐이라는 말이다.

그래서 이런 글은 여자들이 먼저 읽어야 한다. 어차피 행복은 남녀가 더불어 만들어 가는 것이니까.

올라갈 때 보지 못한 그 꽃

_ 사업 실패로 더 큰 것을 얻은 선배 이야기

'축록자 불견산逐鹿者 不見山' 이라는 말이 있다. 직역하면 사슴을 쫓는 자는 산을 보지 못한다는 말이다. 당장 눈앞의 잇속만 챙기다가 더 중요한 것을 놓치고 만다는 경구로 흔히 쓰인다.

고등학교 1학년 때였던가. 수업 진행보다 이런저런 한담을 즐겨 해주셨던 국어 선생님으로부터 처음 들었던 말인데, 지금까지도 기억하는 것을 보면 그때 받았던 감동이 꽤나 컸던 것 같다. 하지만 30년이 훌쩍 지난 지금에서야 비로소 그 말뜻을 조금씩 깨달아 가고 있으니 미욱했던 지난날이 참람할 따름이다.

잘 아는 선배가 있다. 미국 유학을 가서 박사가 된 후 교육 사업의 길로 들어선 선배다. 사업은 날로 번창했다. 더 키워 보고 싶은 마음이 생겼다. 그래서 이런저런 투자를 받았지만 때가 좋지 못했다. 불황의 그림자와 함께 잘 나가던 사업까지 기우뚱했다. 결국 평생 일궈 온 사업체를 내놓아야 했다.

선배는 무척 힘들어 했다. 기가 빠진 듯 초췌한 얼굴이 선배가 겪었을 신고辛苦의 시간을 말해 주었다. 선배는 신앙생활에 힘을 쏟았고, 새로 운동도 하며 세월을 견뎠다. 뒤뜰에 채소밭도 일구고, 가족과도 더 많은 시간을 보낸다는 말도 들려왔다. 최근에 만난 선배는 이렇게 말했다.

"그동안 소홀히 했던 것들을 다시 보게 되었어. 앞만 보고 달려오면서 그냥 지나쳤던 것들이 알고 보니 내 삶에서 훨씬 더 중요한 것이더라고."

요즘 선배의 얼굴은 잘 나가던(?) 그 시절 못지않게 넉넉하고 좋아 보인다. 이런 것이 '축록자 불견산'의 교훈이리라.

아둔한 우리는 자신이 직접 겪어 보기 전엔 잘 모른다. 어디로 가는 줄도 모르고 정신없이 달려만 간다. 옆도 뒤도 돌아보지 않고 '성공'이라는 사다리를 올라가려고만 한다. 그렇게 해서 끝까지 올라갔다 치자. 그런데 올라가서 보니 그 사다리가 원하지 않는 쪽의 벽에 걸려 있다면 어떻게 할 것인가?

스티븐 코비 박사는 20세기 최고의 리더십 이론 권위자로 꼽힌다. 지금은 고전이 되다시피 한 『성공하는 사람들의 7가지 습관』이라는 책에서 그는 성공의 조건으로 관리 능력과 리더십의 조화를 꼽았다.

관리 능력이란 효율성을 따지고, 단기 목표의 달성 여부만 중요시한다. 그러나 리더십은 최종 목적지를 살핀다. 열심히 사다리를 올라가는 것도 중요하지만, 그 사다리가 원하는 장소에 올바로 걸쳐져 있는지를 먼저 파악하는 것이 리더십이라는 것이다.

어떤 분야든 이 두 가지가 함께 가야 한다. 비즈니스든 인간관계든, 심지어 전체 인생을 놓고 봐도 마찬가지다. 그런데도 우리는 눈앞의 작은 이익에만 집착한다. 뜻대로 안 된다고 불평하고, 왜 내 인생은 맨날 이 모양 이 꼴이냐며 투정을 부린다.

돈과 권력과 명예를 성공으로 여기니 당연한 일이다. 그 질곡을 벗어나는 길은 하나밖에 없다. 성공의 의미를 다시 정의하는 것이다. 인생의 가치관을 다시 세우는 것이다. 비록 큰 좌절을 맛봤지만, 그로 인해 훨씬 더 값진 삶을 새로 발견해 낸 선배처럼 말이다.

나이 먹을수록 제대로 섬겨야 할 '세 분'이 있다고 한다. 직분職分, 본분本分, 안분安分이 그것이다. 직분은 맡은 일에 대해 책임과 의무를 다하는 것이다. 본분이란 사장은 사장답게, 학생은 학생답게 각자 자기가 처한 자리에서 마땅한 도리를 하는 것이다. 안분은 분수에 맞게 안분지족하며 너그럽게 처신하는 것이다. 사슴 쫓는 자의 교훈이 일깨우는 지혜도 이와 다를 바 없다.

살아남기 위해 사슴도 쫓아야 한다. 하지만 때론 멈춰 서서 산세도 살펴야 한다. 그래야 엉뚱한 길로 빠지지 않고, 정작 봐야 할 것도 놓치지 않는다. 고은 시인은 이를 단 세 줄의 짧은 시로 이렇게 썼다.

내려갈 때 보았네

올라갈 때 못 본

그 꽃

호랑이의 '쪼잔한' 사냥법

_ 제왕의 위세보다 생존이 먼저다

언제부턴가 연말연시가 되면 올해의 사자성어를 뽑는 게 한국의 유행이 됐다. 그러나 잘 쓰이지도 않는 어려운 말이어서 현실감이 없을 때가 많거니와 그나마도 원뜻과 달리 견강부회식 해석으로 민망해지기도 한다. 2010년 새해 벽두에 모 정당 총재가 들고 나온 '기호지세騎虎之勢'도 그런 말들 중의 하나다.

그는 말 타듯 호랑이를 타고 융성한 기세로 달려 보자는 취지로 이 말을 골랐다고 했다. 그러나 원래 '기호지세'란 어쩌다 보니 호랑이 등에 올라타 있는 형국을 말한다. 섣불리 내렸다가는 물려 죽기 십상이다. 죽든 살든 끝까지 매달려 있어야만 한다. 즉 중도에 그만두거나 물러설 수 없는 처지를 일컬을 때 쓰이는 말이지 호랑이를 탄 것처럼 기세를 자랑하며 잘 나가보자고 할 때 쓸 말은 아닌 것이다.

살다 보면 누구나 기호지세의 위기에 몰릴 때가 있다. 정치나 사업에서 만이 아니다. 개인적으로도 중도 포기의 손실이 너무 커서 그만두려고 해도 그만둘 수 없는 상황이 바로 그럴 때다. 요즘 불황의 깊은 골짜기를 지나고 있는 사람들 중에도 이런 심정을 토로하는 이들이 많다. 그렇다고 뾰족한 답은 없다. 정신을 놓지 않고 끝까지 버티는 게 그나마 상책이다. 호랑이가 지쳐 제 풀에 나가떨어지지 않는 한 살아날 방도는 없기 때문이다. 이럴 때 역설적이지만 호랑이의 생존 전략을 알면 조금은 도움이 될 것도 같다.

『사자도 굶어죽는다』(서광원 지음)라는 책이 있다. 동물 생태계 탐구를 통해 기업의 생존 전략을 모색한 책이다. 이 책에 나오는 호랑이의 사냥법을 간추려 보자.

이곳저곳을 어슬렁거리던 호랑이의 눈에 괜찮은 사냥감이 나타났다. 하지만 녀석은 여전히 어슬렁거린다. 그냥 어슬렁거리는 게 아니다. 방향이 생겼다. 사냥감을 조용히 따라붙은 것이다.

호랑이는 초원의 표범이나 치타처럼 먼지를 일으키며 바람처럼 쫓아가지 않는다. 늑대처럼 무리를 지어 끝까지 추격하는 일도 없다. 그저 스파이가 미행하는 것처럼 비교적 멀찌감치 떨어져서 조용히 따라붙는다. 재미있는 것은 이렇게 접근하다가 사냥감에게 발각되면 멋쩍은 듯 슬그머니 그냥 돌아선다는 사실이다. 얼핏 보면 백수의 왕 호랑이의 체면이 말이 아닐 정도로 쉽게 포기하는 것처럼 보인다. 하지만 사실은 현명한 판단이다. 굳이 쫓아가 봐야 헛수고 할 가능성이 많기 때문이다.

다행히 들키지 않고 따라붙게 되어도 호랑이는 자신의 거대한 몸집과 날카로운 발톱, 이빨이 무색하게 목표물이 바로 코앞에 다가올 때까지 낮은 포복으로 최대한 가까이 끈질기게 다가간다. 그렇게 한 발 한 발 다가간 다음 결정적인 순간이 왔다 싶을 때, 휙 하며 점프를 한다. 이때 먹잇감을 덮치는 호랑이는 바람처럼 빠르다. '비호飛虎'라는 말은 여기서 나왔다.

사냥감을 덮치는 호랑이의 턱 힘과 앞발 후려치기는 상상 이상이다. 어떤 책엔 65킬로그램이나 되는 소의 머리와 어깨를 입에 문 채 자국하나 남기지 않고 180미터 강둑을 지나 바위틈 사이로 30미터나 올라갔다는 기록이 있다. 흰개미를 핥고 있는 곰의 뒤로 살금살금 다가간 호랑이가 곰의 등을 후려치면 곰의 등뼈는 한순간에 부러지고 만다는 기록도 있다.

사냥에 성공한 후에도 호랑이는 여전히 소심하다. 호랑이는 사냥한 먹이를 그 자리에서 먹는 일이 거의 없다. 아무도 안 보이는 은밀한 곳까지 그 무거운 먹이를 물어 옮기고는 숨어서 조심조심 먹는다. 목이 말라 물을 마시러 갈 때는 흙이나 나뭇가지로 남은 먹이를 덮어 두는 '쪼잔함' 까지 보인다. 제왕이랍시고 한상 차려놓고 멋있게 먹다가는 몇 입 먹지도 못한다. 주변 호랑이는 물론이고 눈 밝은 독수리들이 떼로 몰려와 식사를 방해하거나 빼앗아 가기 때문이다. 그러나 이것이 호랑이가 살아남은 이유다. 호랑이에게는 먹고 사는 것이 중요하지 위세와 위용이 중요하지 않다. 쓸데없는 위세와 위용은 만용일 뿐이라는 것을 호랑이는 잘 알고 있다.

불황이라는 길고 깊은 골짜기를 지나고 있는 우리에게도 정말 필요한 것은 이런 실속의 자세가 아닐까? 그렇다고 언제까지 소심해야 한다는 말이 아니다. 생존을 위해 모멸스럽게 기다릴 줄도 알지만, 결정적인 순간에는 전광석화처럼 달려들 수 있는 배짱과 용기도 호랑이에겐 있다는 것을 기억해야 한다.

'불입호혈 안득호자(不入虎穴 安得虎子 : 호랑이 굴에 들어가지 않고 어찌 호랑이 새끼를 잡을 수 있으리오)' 라고 했다. 뜻하는 바를 이루려면 그에 마땅한 일을 미리 도모해야 한다는 말이다. 지금의 형편이 호랑이 등에 올라탄 형국이라면 어쩌면 그게 호랑이를 잡을 절호의 기회일 지도 모른다.

소식素食, 소식小食, 소식笑食

_ 과체중의 시대를 이기는 지혜

법정스님 입적 후 MBC TV에서 방영한 「아름다운 마무리」라는 다큐멘터리를 본 적이 있는데, 불일암에서 함께 수행했던 어느 스님이 전하는 이야기가 무척 인상적이었다. 두 분 스님은 늘 일식이찬으로 끼니를 때웠단다. 그러면서 법정스님은 우스갯소리로 이렇게 얘기했다고 한다.

"반찬이 많으면 의식이 분산된다."

스님이 그 말 속에 담고자 했던 것은 소식素食의 중요함이었을 것이다. 정결하고 순수한 음식, 근원적 힘과 연결해 주는 자연 음식, 마음의 평화를 주는 소박한 음식. 그렇지만 속가의 우리가 스님처럼 먹으며 살 수는 없다. 그저 이런 말씀을 접하며 번잡하기 이를 데 없는 우리의 먹고 사는 모습을 한 번이라도 돌아보게 된다면 그것으로 감사한 일이겠다.

「뉴욕타임스」와 「워싱턴 포스트」가 극찬했다는 『잡식동물의 딜레마』(마이클 폴란 지음)라는 책은 현대인들이 먹을거리 앞에서 불안해하는 원인과 이유를 파헤친다. 좁아터진 사육장에서 온갖 항생제와 성장 촉진제가 섞인 사료를 먹고 자란 가축, 화학비료와 제초제, 살충제가 뒤섞인 환경에서 재배된 곡물이 아니고는 도저히 식탁을 채울 도리가 없게 된 현실을 짚어 보게 하는 진지함도 있다. 책은 이렇게 말한다.

> "마켓에 갈 때마다 끊임없이 칼로리를 살피고, 성분을 확인하고, 제조일자를 따지지만 기실 우리는 음식의 문맹자들이다. 편리함만 강조하는 수만 가지 가공음식 앞에 무지하고, 오로지 자극적인 맛만 내는 비정상적인 패스트푸드 앞에 무력하며, 어떻게든 먹게 만들려는 식품업계의 광고 유혹 앞에 철저히 무방비하다."

그런 줄 알면서도 우리는 내 몸을 해치고, 환경을 해치는 나쁜 음식을 찾아 먹고 있다. 그럼으로써 또 그 나쁜 음식이 확산되는 악순환에 기여한다. 그렇다고 뾰족한 대안도 없다. 이럴 땐 이미 알고 있는 간단한 원리가 차라리 해답일 지도 모르겠다. 그 하나는 '소식小食'이다. 조금 모자란 듯이 먹는 것이다. 적게 먹는 것이 건강에도 좋다는 것은 상식이다.

미국은 국민의 64%가 과체중이라고 한다. 유럽도 46%가 비만을 걱정한다. 한국 역시 갈수록 비만이 늘고 있다. 지구촌에 기아로 굶주리는 사람이 8억 명인데 너무 살이 쪄서 고민하는 사람이 10억 명이라는 이 불공평은 식탐과 과식을 들먹이지 않고는 설명할 길이 없다.

대부분의 동물은 위의 80%만 채운다고 한다. 그런데 100%까지 먹어야 하는 동물이 있다. 돼지가 그렇다. 한 술 더 떠 120%를 채우고도 더 먹으려는 동물이 있다. 바로 인간이다. 부끄럽고 죄스러운 일이다.

또 하나는 웃을 소, '소식笑食'이다. 기쁜 마음으로 즐겁게 먹는 것이다. 먹는 일에는 대책이 없다. 일평생 먹어야 하고, 필사적으로 먹어야 한다. 먹지 못하면 더 이상 살 수가 없다. 그러나 생존을 위해 먹지만 동시에 먹는 행위에 사회적 의미까지 담는 것은 오직 인간뿐이다.

"무엇을 먹는지 말해 달라. 그러면 당신이 어떤 사람인지 말해 주겠다."라는 말은 무엇을 먹느냐가 아니라 누구와 어떻게 먹느냐가 더 중요하다는 것을 일깨우는 경구다.

언제부턴가 취미를 물어오면 "좋아하는 사람들과 밥 먹기"라고 대답한다. 지내 놓고 보니 정말 이것만큼 나를 행복하게 만드는 것은 없었던 것 같다. 웃고 떠들고 함께 입으로 무엇인가를 집어넣는 행위야말로 가장 인간적이다. 즐겁게 먹고 마시는 그 시간의 행복 때문에 지루하고 힘든 노동의 고통도 이겨낼 수가 있다. 그러니 어떻게든 함께 먹을 사람을 만들어야 한다. 아니 내가 먼저 그런 사람이 되어야 한다. 이 또한 뒤늦게 알아가는 인간살이의 지혜다.

'착한 여행'을 아시나요?

_ 어디를 가느냐가 아니라 어떻게 가느냐가 중요하다

여행은 낯선 것과의 만남이다. 알지 못했던 사연을 더듬고, 새로운 향기를 찾는 일은 늘 즐겁다. 누군가의 자취가 서린 곳이라면 그 사람의 삶의 모습에 한 발짝 다가가서 그 편린이나마 더듬어 보는 것도 재미를 더한다. 여행은 수명 다한 배터리를 다시 충전하는 것과도 같다. 지친 일상에 여행만큼 확실한 '삶의 링거'는 없다고도 했다. 그래서일까? 여름이면 누구나 한 번쯤 일상에서의 탈출을 꿈꾼다.

시간 많고 도전정신 넘치는 젊은이라면 배낭여행이 제격이다. 적은 비용으로 많은 곳을 둘러볼 수 있기 때문이다. 고생은 되지만 보고 듣고 배우는 것도 많다. 이게 부담스럽다면 패키지여행도 있다. 준비다 뭐다 머리 싸맬 일 없이 여행사에서 짜 놓은 상품을 고르기만 하면 된다. 애써 일정을 고민하지 않아도 되고, 꼭 봐야 할 곳을 놓칠 염려도 없다. 비용이 조금 더 들 수도 있지만 따져 보면 오히려 더 저렴할 수도 있다. 그래도 미국에선 역시 자동차 여행이 최고다. 광활한 자연을 만끽하며 직접 차를 모는 것이야말로 이 땅에 사는 재미다. 하루 몇 백 마일 운전이 고될지언정 그런 수고가 오히려 추억이 된다.

한국처럼 공부 삼아 떠나는 답사 여행도 나쁘지 않다. 유홍준 교수는 자신의 책 『나의 문화유산 답사기』에서 한반도는 전 국토가 박물관임을 일깨웠다. 그리고 "아는 만큼 보이고, 볼 줄 알면 더 사랑하게 된다."라는 유명한 말도 남겼다. 나도 한국에 있을 땐 이 말을 금과옥조 삼아 방방곡곡을 누볐던 기억이 난다. 물론 지금도 많은 이들이 그렇게 하고 있겠지만.

그러나 늘 지나침이 문제다. 유명하다 싶은 곳은 어디나 몰려드는 여행객들로 몸살을 앓는다. 주민들의 삶이 방해를 받거나 생업까지 바뀌곤 했다. 여행이 과시가 되고, 소비가 되고, 일회성 이벤트가 되면서 빚어진 부작용이었다. 여행에서 정말 중요한 것은 어디를 가느냐가 아니라 어떻게 가느냐다. 무엇을 보느냐가 아니라 누구랑 보느냐다. 그런 점에서 요즘 세계적으로 뜨고 있는 '착한 여행'에도 관심을 가져 볼 만하다.

착한 여행이라니 도대체 무슨 말일까? 원래는 10여 년 전 영국에서 '공정 여행Fair Travel'이라는 이름으로 시작됐다. 한국에서는 딱딱한

이 말 대신 '착한 여행'으로 더 많이 쓰이는 모양이다. 내용은 아름다운 풍경을 즐긴 몫은 그 땅을 지켜 온 현지인들에게 돌아가도록 하자는 생각에서 출발한다. 밥 한 끼를 먹더라도 대기업 프랜차이즈나 패스트푸드가 아닌 지역 식당을 이용하자는 것이다.

무슨 특별한 방법이 필요한 것도 아니다. 가능한 한 작은 규모의 숙소를 이용하고, 여행지의 특색이 배어 있는 체험 행사나 축제 현장을 찾아보면 된다. 현지에서만 맛볼 수 있는 음식도 먹어 보고, 그 지역 특산물도 한두 개쯤 구입한다. 그렇게 함으로써 여행지의 삶의 모습을 훼손하지 않고 환경과 인권과 생명을 생각하는 여행을 하자는 것이다.

얼마 전 나도 가족과 함께 4박 5일 여행을 다녀왔다. 미국 서부 관광의 단골 코스인 자이언캐년, 브라이스캐년, 세도나 일대를 차로 직접 돌아본 여행이었다. 소박한 숙소에서 잠을 청해 가며 매일 4~5시간 정도씩 운전을 했다. 명승지뿐만 아니라 중간 중간 차를 세워 마을 구경도 하고, 도서관에도 들렀다. 길가의 노점을 만나면 지역 토산품도 구입하고, 때로는 동네 사람을 만나 이야기도 나눴다. 그렇게 여유롭게 둘러보니 아이도 좋아했고, 나 역시 과거 어떤 여행보다 얘깃거리와 추억거리가 많이 쌓였던 것 같다. 책에서 말하는 100% 착한 여행은 되지 못했지만, 비슷하게는 되었다고나 할까.

천상병 시인은 인생을 여행에 빗대어 '아름다운 이 세상 소풍 끝내는 날 / 가서 아름다웠더라고 말하리라' 라고 노래했다. 잠시 왔다가 가는 이 땅의 삶을 흥청망청 쓰고 정신없이 둘러보는 여행이 아니라

돌봄과 나눔으로 채워진 '착한 소풍'이 되기를 꿈꾸었던 것이다.

그의 시가 우리 모두의 소망이 되었으면 좋겠다는 생각을 해 본다. 그래서 훗날 우리의 삶도 그렇게 '착한 여행'이었노라 말할 수 있었으면 좋겠다.

환경을 살리는 작은 실천

_ 지구촌을 휩쓰는 자전거 열풍

15년 전 중국 베이징에서의 아침 풍경을 지금도 잊지 못한다. 회사에서 마련해 준 중국어 연수를 위해 얼마간 머물고 있을 때였다. 매일 아침 칼칼한 새벽바람을 가르던 수백 수천 대의 자전거 행렬은 도도하고 장엄했다. 청년, 학생, 노인, 아가씨 할 것 없이 누구나 페달을 밟아 대던 그 모습이야말로 신흥 중국의 용틀임이었다.

오래 전 가 본 일본의 이미지 또한 내게는 자전거로 남아 있다. 도쿄, 나고야, 삿포로 어디든 거리는 깨끗했고, 예쁜 자전거들이 동화처럼 구르고 있었다. 장바구니를 매단 주부들은 낯설면서 신기했고, 짧은 치마에도 아랑곳없이 자전거 페달을 밟아 대던 세일러복 여학생들의 모습은 신기하고 신선했다.

요즘은 한국도 자전거 바람이 불고 있다. 지방자치제 실시 이후 지자체마다 전용도로 만들기다, 공용 시스템 구축이다 해서 경쟁이 뜨겁다. 전국적으로 자전거길이 만들어지고, 포항시는 매월 1일을 자전거 출근의 날로 정했다 하고, 창원시는 50만 시민이 모두 자전거 보험에 들었다고 한다.

한 번 바람이 불면 금세 광풍이 되고 태풍이 되는 나라가 한국이다. 마라톤이 좋다 하면 사생결단 달려야 하고, 걷기가 좋다 하면 온 국민이 걸어야 한다. 지금은 자전거가 그 짝이다. 이명박 정부는 취임 초에 대운하를 뚫은 후 그 물길을 따라 전국을 자전거길로 연결하겠다고 약속했다. 그리고 실제로 그 길이 만들어졌다. 4대강 자전거길 국토 종주 코스다.

2012년 5월, 캐슬린 스티븐스 전 주한 미국대사는 외국인으로는 처음으로 4대강 자전거길 국토 종주 코스 633킬로미터를 완주했다. 스티븐스 전 대사는 경기도 양평 양근대교에서 시작해 4박 5일의 여정으로 '충주 ~ 새재길 ~ 상주 ~ 구미 ~ 대구 ~ 창녕 ~ 부산'까지 이어지는 한강, 낙동강 전 구간 종주를 마쳤다. 그의 소감이 들을 만하여 소개한다.

"한국의 4대강 자전거길은 세계에 유례가 없는 우수한 시설이다. 네덜란드도 자전거 도로 자체는 잘 갖춰져 있지만, 강변과 어우러지진 않았다. 특히 '양산 ~ 부산 낙동강' 구간은 정말 아름답고 자연 친화적이다. 신라와 가야의 싸움터였던 양산 가야진을 지날 때는 한국 문화와 역사에 대해 다시 한 번 생각하게 됐다. 다만 외국인을 위해 이정표, 시설물, 유적지에 영어 표기를 함께하면 그들이 한국을 느끼는 데 도움이 될 것 같다."

자전거는 미국에서도 화두다. 도시마다 5월 언저리에 자전거의 날, 자전거 주간, 자전거의 달을 정해 갖가지 이벤트를 펼친다. 자전거로 출퇴근하기, 다이어트 경연, 다큐멘터리 상영, 퍼레이드 등 행사도 다채롭다.

이제 환경과 에너지는 21세기 인류의 가장 큰 숙제가 됐다. 이 문제를 풀지 않는다면 지구의 미래는 없어 보인다. 요즘 지구촌에서 벌어지고 있는 자전거에 대한 호들갑스럽기까지 한 관심은 모두 그 연장선상에 있을 것이다.

미국 작가 존 라이언은 '지구를 살릴 7가지 불가사의한 물건'으로 콘돔, 빨랫줄, 무당벌레, 선풍기, 국수, 공공도서관을 꼽았다. 자전거는 이들에 앞서 가장 먼저 꼽은 품목이다. 배기가스를 줄이고 대도시의 교통 정체와 주차난을 해결할 가장 적절한 대안이라는 이유에서다.

자전거는 자동차가 가지 못하는 길도 가고, 길이 아니어도 간다. 그렇지만 자동차와 달리 난폭하지도 않고, 세상을 겸손하게 바라보게 만든다. 또한 자전거는 삶의 속도를 조절해 주는 쉼표다. 내 몸의 지방과 탄수화물을 태워 두 바퀴를 굴리는 땀의 기쁨도 있다. 소설가 김훈이 『자전거 여행』 서문에서 내 몸과 길을 엔진의 매개 없이 아날로그 방식으로 연결시켜 주는 것을 자전거의 축복이라 예찬한 것은 그래서일 것이다.

자동차가 아니면 한 발짝도 못 움직인다는 사람들이 많다. 대도시에서는 자전거를 탄다는 게 오히려 번거롭고 더 불편할 수도 있다. 그러나 굳이 타자고 들면 못 탈 것도 없다. 자전거가 트렌드라면 일부러라도 한 번쯤 안테나를 돌려 볼 일이다. 자전거를 좋아하는 사람들이 얼마나 많은지, 그들은 도대체 무슨 일을 벌이고 있는지 가끔씩 눈을 돌려 볼 일이다. 구경도 가 보고 동참도 해 볼 일이다. 그게 사람 사는 재미다.

자전거 천국이라는 네덜란드 남부의 작은 도시 델프트 시의 구호는 이렇다.

'삶이 지나치게 빠르다고 생각한다면 페달을 밟자. 사랑하는 아이에게 숨 쉴 공기를 주고 싶다면 페달을 밟자.'

어떤가? 지금이라도 당장 뛰쳐나가 페달을 밟고 싶지 않은가?

300년 후 한국은 없다

_ 세계 최저 출산율을 고민하며

"총칼도, 테러도 필요 없다. 그냥 열심히 아이만 낳아도 유럽은 저절로 이슬람 땅이 될 것이다."

어느 회교 국가 지도자가 한 말이다. 출산율의 위력을 단적으로 보여주는 말이다. 급격히 달라지고 있는 미국의 인구 구성비 변화도 같은 맥락이다. 지금 추세대로라면 출산율이 월등히 높은 히스패닉계가 백인을 제치고 미국의 최대 인종이 될 날도 멀지 않았다.

요즘 한국의 국가적 고민 중의 하나도 세계 최저 수준으로 떨어진 출산율이다. 1965년 5.63명, 1975년 4.28명이던 것이 1985년 2.23명으로 내려갔고, 2008년에는 1.19명까지 떨어졌다. 미국(2.1명), 일본(1.32명)은 물론 OECD 회원국 평균인 1.6명에도 한참 못 미친다.

이대로 가면 한국의 총인구는 2018년에 4,934만 명을 정점으로 감소하기 시작하고, 300년쯤 뒤에는 아예 지구상에서 대한민국이라는 나라 자체가 사라지고 말 것이라고 전문가들은 전망한다. 몇 십 년 펼쳐 왔던 산아제한 정책의 그늘일 수도 있겠다.

1963년 : 덮어 놓고 낳다 보면 거지꼴을 못 면한다.
1971년 : 딸 아들 구별 말고 둘만 낳아 잘 기르자.
1980년 : 잘 키운 딸 하나 열 아들 안 부럽다.

한 시대를 풍미했던 이런 구호들은 유전자처럼 대물림되어 지금도 젊은이들의 의식을 지배한다. 삶의 질이 강조되면서 크게 늘어난 경제적 부담도 출산 기피의 원인일 수 있겠고, 아이로 인해 '내 생활'을 잃고 싶지는 않다는 개인주의 탓도 가세했을 것이다.

그렇지만 적정 출산율이 뒷받침되지 않고서는 기존의 사회 시스템은 유지되지 못한다. 그게 2.1명이다. 그 아래로 내려가면 노동력 부족, 소비와 투자의 위축, 정부 재정 수지 악화 등의 부작용은 필연적이다. 고령화로 인한 인구 구조 불균형 문제 또한 심각해진다. 요즘 한국이 둘째, 셋째를 낳으면 다투어 축하금을 준다거나 '아이 낳기 좋은 세상 운동본부' 같은 단체를 만들어 범국민 출산 장려 정책을 펴기로 한 것도 이런 이유에서다.

그러나 이런 정책이 옳기만 한 것인지는 솔직히 의문이다. 당장은 인구가 모자라서 생기는 문제보다 과잉 인구로 인한 문제가 더 많아 보이기 때문이다.

인구밀도만 해도 평방킬로미터당 474명으로 방글라데시, 대만에 이어 세계 3위다. 일본 330명, 중국 130명과 비교해도 좁은 땅에서 얼마나 바글바글 살고 있는지 알 수 있다. 그에 따른 주택 가격 폭등, 교통난, 입시 경쟁, 고학력 실업 등의 문제는 또 얼마나 심각한가.

그래도 한국이 굳이 출산율을 높여야 한다면 나라 밖으로 눈을 돌리는 것도 대안일 수 있겠다. 마음껏 낳게 하고, 마음껏 이민 갈 수 있도록 뒷받침하라는 것이다. 이것이야말로 좁은 땅도 살리고, 한민족의 숫자도 줄지 않는 양수겸장이다.

해외 한인 사회로서도 커뮤니티가 계속 유지되고 발전하기 위해서는 적정 인구의 유입이 꼭 필요하다. 새 이민자들이 늘 반갑고 고마운 까닭이다. 하지만 일본이 그랬고, 중국이 그랬듯이 언제까지 이민이 계속되란 법은 없다. 그런 점에서 동포 사회도 이제는 출산율 높이기에 관심을 가져야 한다는 의견도 나오고 있다.

주변 40~50대 중에는 아이를 한두 명 더 낳지 않은 것을 후회하는 분들이 의외로 많다. 아이는 하나님이 주신 기업이요 상급이라 했는데, 그걸 미처 깨닫지 못했다는 것이다. 결혼을 앞둔 젊은이들이 새겨들어야 할 교훈이 아닐 수 없다. 이참에 더 많이 오고, 더 많이 낳아서 우리 사회가 더 북적대고, 더 젊어졌으면 하는 바람을 가져 본다.

노안老眼이 왔다

_ 나이 드는 게 싫으신가요?

연세 드신 어르신들께 먼저 양해를 구한다. 아직 50도 안 된 사람이 웬 나이 타령이냐 하실까봐 염려해서다.

일전에 한 모임에서 또래의 친구가 말했다. 책을 보는데 갑자기 눈이 침침하고 글자가 안 보이더란다. 병원에 갔더니 노안이라고 했단다. 노안이라니? 이제 겨우 40대 중반인데. 믿기지가 않더란다. 물론 속도 상했을 것이다.

그때는 남의 일이려니 했다. 그런데 내게도 똑같은 현상이 나타났다. 신문을 보는데 웬일인지 글자가 꼬물거리며 잘 보이지가 않았다.

이런 일이 없었는데? 피곤해서 그렇겠거니 몇 번씩 눈을 비볐지만 마찬가지였다. 대신 신문을 멀리 하니 흐릿하던 글자가 또렷이 되살아났다. 전형적인 노안 증세였던 것이다. 백과사전을 찾아봤다.

> 노안老眼 : 수정체의 탄력 감소로 가까이 있는 물체에 초점을 맞추는 능력이 저하되는 것을 말한다. 만 42~45세가 되면 누구에게나 이런 현상이 나타난다. 노안 진단을 받으면 돋보기를 써야 한다.

돋보기라고? 가슴이 철렁했다. 그러고 보니 요즘 느껴지는 신체 변화는 비단 눈만이 아니었다. 운동을 해도 이전 같지 않고, 여기 저기 관절 마디마다 삐걱거리는 것 같다. 흰 머리가 부지기수로 늘어난 것은 그렇다 치고, 눈썹이며 코털조차 흰 털이 보이기 시작했다.

청력은 또 어떻고. 인정하든 말든 나이 40이 넘으면 누구나 청력이 떨어지기 시작해 일정 주파수대 이상의 고음은 들을 수 없다고 한다. 이를 이용해 요즘은 10대들만 들을 수 있다는 휴대폰 벨소리도 나왔다고 한다. '틴 버즈Teen Buzz' 혹은 '모기 벨소리Mosquito Ringtone'라 불리는 이 소리는 당초 쇼핑몰 영업에 방해가 되는 애들을 쫓아내기 위해 고안된 것이었다. 그러나 10대들은 이 소리를 휴대폰 벨소리로 이용했다. 교실에서도 선생님 몰래 전화를 주고받을 수 있게 된 것이다. (인터넷에는 이 벨소리가 들리는지 실험해 볼 수 있는 사이트가 있다. 나도 해봤지만 슬프게도 정말 들리지 않았다.)

몸이야 자연의 일부이니 이렇게 때가 되면 늙고 쇠약해지는 것은 어쩔 수가 없다 치자. 그렇더라도 마음까지 늙어 가는 것은 정말 못 견딜 일이다. 어느 순간 새 것 받아들이길 주저하고, 남의 말 듣기가 싫어지며, 한사코 변화를 거부하려는 나를 발견할 때는 참 난감해진다. 전에는 그러지 않았으니 이게 진짜 늙어 가는 게 아니고 무엇인가 싶어서 말이다.

아직 어린 아들이 있다. 그런데 녀석이 좋아하는 음악, 즐겨 보는 TV 프로그램을 기웃거려 보면 하나같이 내겐 소음이다. 완전 세대 차이다. 가끔씩 아이가 무스를 발라 빗어 넘긴 머리가 멋져 보인다며 아빠도 그렇게 하라고 한다. 그때도 대략 난감이다. 이 나이에 어떻게 그런 머리 모양을. 한 번쯤 그렇게 할 수도 있겠지만 도통 그럴 엄두를 내지 못한다. 그러니 아들 눈에는 아빠가 얼마나 구닥다리, 늙다리로 보일까.

그렇지만 나는 나이 드는 게 그렇게 싫지는 않다. 소설가 박완서는 70을 넘기고 난 뒤 늙음을 '삶의 원경遠境으로 물러나는 것'이라고 했다. 얼마나 공감이 가는 말인지 모르겠다. 좋아서 미칠 것 같은 사람도 없어지고, 눈에 핏발 세워 미워하고 비난했던 사람도 점점 사라지는 것은 오직 나이가 가르치는 여유라는 것을 나는 안다. 그런 평안이 노년의 특권이라 한다면 나이 먹는 것이 그리 못 견딜 일도 아니라는 것이다.

어느새 내 몸을 노크하기 시작한 '노화'라는 손님 또한 그렇게 순응하는 마음으로 받아들이고 싶다.

유쾌하게 나이 드는 법

_ 60 이후의 인생은 나 하기 나름이다

직업상 만나는 사람이 적은 편은 아니다. 그중에 친구처럼 지내게 된 할아버지 두 분이 있다. 한 분은 이제 일흔을 갓 넘긴 분이다. 30여 년 전에 이민 와서 크게 사업을 하다가 몇 년 전에 은퇴했다고 한다. 하지만 그때부터 인생 2막, 새로운 시작이었다. 신문, 잡지 등에 열심히 글을 쓰면서 자신의 경험과 지식을 나누어 주고 있다. 지난해 봄에는 젊었을 때부터 치고 싶었던 피아노를 배우기 시작했다고 즐거워하더니 요즘은 컴퓨터를 공부해서 스스로 홈페이지를 만들 정도가 됐다고 자랑하신다. 얼마 전에는 맨해튼에 있는 유수의 미국 부동산 회사에 면접을 보고 당당히 취업이 됐다고 좋아하신다.

다른 한 분은 올해 여든 둘이 되신 진짜 할아버지다. 젊은 나이에 군인이 되었고, 6.25때는 연대장으로 혁혁한 공을 세웠다고 한다. 박정희 전 대통령과는 육사 동기생이었지만 5.16 거사에 동참하지 않은 죄로 군복을 벗어야 했다고 한다. 군인이 정치에 나서는 것은 옳지 않다는 신념 때문이었다. 하지만 시류에 타협하지 않고 평생을 청렴, 강직하게 살아 온 것을 지금도 훈장처럼 자랑스러워하신다. 그분 역시 꾸준한 운동과 독서는 기본이고, 80이 넘은 연세에도 직접 운전을 하고 부지런히 사람들을 만난다. 조만간 틈틈이 집필한 회고록이 나올 것이고, 성당에서 영세도 받기로 되어 있다며 기대에 부풀어 있다.

이 두 분의 공통점은 모두 실제 나이보다 젊게 생각하고 행동한다는 점이다. 끊임없이 새로운 아이디어를 생각하고 실천하며 살고 있다는 점이다. 본인의 의지와 상관없이 부딪히게 된 불리한 환경도 긍정적으로 이겨내며 인생의 플러스로 만들었다는 점도 같다. 그분들을 만날 때마다 늘 듣는 말씀은 이렇다.

> "나이 들어 몸이 늙는 것은 어쩔 수 없지. 하지만 머리는 하기 나름이야. 젊게 생각하고 열심히 배우고 무엇이든 생각나면 바로 시도해 보는 거지. 이 나이에 뭐가 두려워. 안 되면 그만두고 다른 것을 또 하면 되지."

나는 이 분들을 만나는 게 즐겁다. 적극적인 삶의 방식을 배울 수 있고, 정신적으로 자극받는 것도 한둘이 아니기 때문이다. 20년 뒤 30년 뒤의 내 모습이 어떠해야 할지, 그리고 유쾌한 노년은 어떻게 준비해야 하는지 미리 학습하는 기쁨도 있다. 이 분들을 통해 배운 몇 가지는 다음과 같다.

첫째는 건강이다. 천하무적 슈퍼맨도 건강을 잃으면 세상을 떠나야 한다. 인생 필수품 1호는 건강이고, 노인들이 품위를 지키기 위해 갖추어야 할 가장 중요한 조건도 건강이다. 나이 70이 넘으면 아픈 사람과 안 아픈 사람 딱 두 부류만 있다고 한다. 자기만의 건강 유지법을 개발하고 꾸준히 실천해야 할 이유다.

둘째, 실력이다. 나이가 들면 매사에 시큰둥해지기 쉽다. 그럴수록 책도 읽고 TV도 보고 인터넷도 열심히 해야 한다. 호기심을 잃었다든지 시대에 뒤떨어졌다는 말은 내가 늙었다는 말과 동의어임을 명심해야 한다.

셋째, 욕심과 아집을 버려야 한다. 의외로 나이가 들면 더 인색해지고 욕심이 많아지는 사람이 많다. 또한 자기를 내세워야 위치가 높아진다고 생각하여 쓸데없이 고집을 부리는 사람도 있다. 착각이고 잘못된 생각이다. 나이를 먹을수록 다른 사람의 이야기에 귀 기울일 줄 아는 아량을 가져야 한다.

누군가는 인생을 축구 경기에 비유했다. 25세까지는 연습 기간, 50세까지는 전반전, 75세까지는 후반전, 그리고 100세까지는 연장전이라고. 우리는 지난 월드컵 경기에서 무수히 확인했다. 전반전 못지않게 후반전이 중요하다는 사실을 말이다. 후반전은 물론 연장전에도 멋진 골이 터질 수 있다는 사실을…….

미국 최초의 우주인 존 글렌은 1998년 77세의 나이에 다시 우주여행에 도전했다. 1962년 첫 우주 비행 후 36년만이었다. 그리고 멋지게 성공한 뒤 지구로 귀환한 그가 처음 내던진 말은 이랬다.

"달력의 나이는 집어 치워라. 내 나이는 내가 만든다."

세계적인 패스트푸드 업체 KFC의 창업자 커넬 할랜드 샌더스는 70세가 다 되어 치킨 프랜차이즈 사업을 시작했다. 처음 2년은 체인점이 5곳에 불과했지만, 4년 만에 600여 곳이 넘는 대성공을 일구었다. 나이가 성공을 가로막을 수 없다는 사실을 몸소 실천해 보여준 것이다.

우리 주위에도 생각과 행동이 젊은 사람 못지않은 '청춘 노인'들이 곳곳에 있다. 인생 후반전을 누구보다 열심히 뛰고 있고, 연장전에 들어가서도 열정적으로 그라운드를 누비고 있는 그분들에게 진심어린 갈채를 보낸다. 그리고 다음은, 바로 우리다.

명심하자, 건처재사붕

_ 노인 오복五福에 대하여

건처재사붕健妻財事朋. '노인 오복'이라 하여 인터넷에 한참 떠돌았던 말이다.

건健은 건강이다. 아무리 재물이 많아도 건강하지 못하면 소용이 없는 법. 당연히 노년 행복의 첫째 요건이다. 처妻는 옆에서 돌봐 주는 배우자를 말한다. 여자들에겐 부夫가 되겠다. 재財는 비루하지 않게 살 수 있을 만큼의 적당한 재산을 말한다. 사事는 일이다. 나이가 들어도 일이 있어야 생활 리듬을 잃지 않고 건강도 유지할 수 있기 때문이다. 마지막으로 붕朋은 벗이다. 말년의 외로움을 덜 수 있는 것은 자식도 아니고, 이성도 아니고, 오직 친구라는 말이다.

이 다섯 가지는 모두 물리적인 것이다. 이것만으로는 무엇인가 부족해 보인다. 나이가 들면 그에 걸맞은 지혜까지 곁들여져야 진정 복된 노년이라 할 수 있기 때문이다. 그래서 한 가지 더하고 싶은 게 있다. 그것은 바로 양보와 겸손을 뜻하는 양讓이다. 노년을 아름답게 만드는 것은 때를 알아 물러설 줄 아는 마음가짐이다. 비움으로써 생겨나는 아량과 너그러움이다.

나이가 들어서도 끝까지 나만 옳다고 우기는 일, 여전히 무엇인가 챙기려고 아등바등 매달리는 일은 노추老醜의 전형이다. 나이 먹고도 설 자리를 몰라 계속 엄벙덤벙 헤매는 것, 갈수록 더 인색해지고 용렬해져서 주변을 불편하게 하는 것 역시 아름다운 노년과는 거리가 멀다. 예전엔 나이가 들면 누구나 현자賢者가 되고, 저절로 성숙한 인간이 되는 줄 알았다. 그러나 한 해 두 해 나도 나이를 먹어 보니 착각도 그만한 착각이 없었다.

인생의 지혜란 고통스런 자유로움을 걸어간 뒤에 남겨지는 발자국 같은 것이라고 했다. 지혜의 왕 솔로몬도 하나님의 은총을 눈물로 간구한 끝에 비로소 지혜자가 되었다. 세월을 따라 거저 얻어지는 계급장이 아니라 쉼 없이 자신을 갈고 닦고 비우는 자에게만 주어지는 훈장이 '노년의 지혜'라는 것을 그래서 이제야 어렴풋이 알 것 같다.

60이 넘고 70이 넘은 분들은 한결같이 말한다. 어영부영 살다 보니 눈 깜짝할 사이에 노년이 되어 있더라는 것이다. 이 말은 준비할 겨를도 없이 나이만 먹었다는 회한의 고백이다. 머지않아 노년이 될 40~50

대들에게는 하루라도 빨리 노년 공부를 하라는 일깨움이기도 하다.

소노 아야코라는 일본 작가가 쓴 『계로록戒老錄』이라는 책이 있다. 몇 년 전에 『나는 이렇게 나이 들고 싶다』라는 제목으로 한국에서 출간되어 인기를 끌었다. 이 책에는 노인뿐만 아니라 40~50대도 함께 읽고 새기면 좋을 경구들이 가득 차 있다. 이를테면 이런 문구들이다.

> 한가하게 남의 생활에 참견하지 말 것, 지난 얘기는 정도껏 할 것, 젊은 세대는 나보다 바쁘다는 것을 명심할 것, 노인이라는 사실을 실패의 변명거리로 삼지 말 것, 나이 많다는 것이 지위도 자격도 아님을 자각할 것……

그러나 이 책의 가장 준엄한 가르침은 양보와 비움에의 권면이다.

> 내 자신만 옳다고 생각하지 말 것. 가진 물건을 줄여 나갈 것. 노년의 가장 멋진 일은 화해임을 명심할 것. 그리고 지금까지 살아온 인생을 긍정적으로 돌아보며 언제 죽어도 괜찮다고 생각할 수 있도록 늘 심리적 결재를 해 둘 것……

자연에만 겨울이 있는 것이 아니다. 인생에도 겨울이 오고, 노년도 닥쳐온다. 누구에게나 예외 없이 반드시. 그때를 대비하여 나는 지금 어떤 준비를 하고 있는가? 아무리 바쁘게 살더라도 한 번쯤은 던져 보는 질문이 되었으면 좋겠다.

가장 확실한 노후 투자

_ 은퇴 후 20~30년을 어떻게 보낼 것인가?

미국의 보험 상품 중에 '롱텀 케어Long-term care'라는 것이 있다. '장기 간호 보험'이라고도 하는데, 질병이나 사고로 건강을 잃어 스스로 일상적인 활동을 할 수 없게 되었을 때, 간병 비용을 지급받는 보험을 말한다.

미국의 주류 사회에서는 보편적인 이 보험이 한인들에게는 별로 인기가 없다. 메디커에나 매디캘 같은 정부에서 챙겨 주는 공공보험 혜택을 받으면 되지 굳이 내 돈을 들여서 그런 보험에 가입할 필요가 없다는 생각을 가진 사람들이 많기 때문이다. 하지만 삶의 질에 대한 개념이 바뀌어 가면서 이런 보험에도 관심을 갖는 사람들이 조금씩 늘고 있다고 한다.

뿐만 아니라 다른 개인 은퇴연금이나 직장인 은퇴연금 같은 노후 대비 금융 상품에 대한 관심도 점점 더 커지고 있다. 평생 일만 하다 아무런 대책 없이 은퇴한 앞선 세대 선배들을 봐 온 중장년층에서 자신의 노후 문제를 그만큼 절실하게 생각하기 시작했다는 증거일 것이다.

그러나 요즘 경제가 어려워지면서 본의 아니게 은퇴 계획을 수정해야 하는 사람이 많아졌다. 평생 모아 온 연금은 반 토막이 났고, 믿었던 집값도 폭락하고 있다. 하루아침에 일자리를 잃고 힘겨워하는 사람들도 있다. 그러니 오늘 당장이 괴로운 이들에게 한가롭게 노후를 얘기하는 것은 한참 배부른 소리일 지도 모른다. 하지만 오히려 그런 것들 때문에, 다시 생각해 보게 되는 것이 은퇴 후의 삶이다.

요즘 사람들의 평균 수명은 90세를 넘어 100세도 바라본다. 60세에 은퇴하면 30년을, 70세에 물러나도 20~30년은 더 산다. 노老테크의 핵심은 바로 그 20~30년을 어떻게 살아갈 것이냐 하는 것이다.

주변의 은퇴한 노인들을 보면 크게 두 부류가 있다. 퇴화형과 진화형이 그것이다. 퇴화형은 현실만족형이다. "그만하면 됐다. 성가시게 뭘 자꾸 바꾸려 드는가?" 하면서 현상을 고수하려고 한다. 일상에도 별다른 변화 없이 그냥저냥 늙어 간다.

이에 반해 진화형은 늘 새로운 것에 마음을 열어 놓는다. 스스로 변화하기 위해 애를 쓰고, 무엇이든 배우기 위해 힘쓴다. 이들에게는 은

퇴가 물러남이 아니라 해 보고 싶었던 것을 비로소 할 수 있는 원숙한 환경이 마련되었음을 뜻한다. 어떤 유형을 염두에 두고 준비하느냐에 따라 노후의 삶이 결정될 것임은 자명하다.

은퇴 후에도 경제적인 능력은 절대적으로 중요하다. 그렇지만 돈만 모은다고 노후가 다 해결되는 것은 아니다. 건강은 물론이고 배우자나 자녀와의 친밀도, 지속적인 사회 활동, 원만한 인간관계, 신앙이나 취미 생활을 통한 마음의 평정 등이 고루 조화를 이룬 뒤라야 행복한 노년이 이루어질 것이기 때문이다. 하지만 이런 것을 보장해 주는 보험이나 투자 상품은 어디에도 없다. 각자 스스로 준비해 나갈 수밖에 없다는 말이다.

사람들은 노후를 대비해 적절한 투자로 지속적인 수입원을 만들어 내야 한다고들 얘기한다. 그렇다고 누구나 주식이나 부동산에 투자할 수 있는 것은 아니다. 하지만 돈 없이도 할 수 있는 투자는 얼마든지 있다.

감사한 마음으로 즐겁게 일하기, 평생 할 수 있는 일이나 취미 개발하기, 신앙생활에 충실하기, 따뜻한 인간관계 맺기, 내 가족에게 잘하기, 그리고 남을 위해 봉사하기, 가장 중요한 건강 지키기 등. 이런 것들에 좀 더 관심을 기울이고, 더 많은 시간을 할애하는 것이 다른 어떤 저축이나 보험보다 훌륭한 노후 투자라고 나는 믿는다.

거기에 더하여 내가 좋아하고 잘 할 수 있는 분야의 전문성을 강화할 수 있다면 금상첨화다. 수십 년 쌓아 온 인적 네트워크나 경험, 노하우를 활용할 수 있는 자기개발 프로젝트를 실행에 옮겨 보자는 것이다. 이 또한 은퇴 후의 또 다른 20~30년을 지탱해 줄 확실한 무기가 될 것이다.

때는 지금이다. 노년을 위한 가장 확실한 투자는 지금 자기 자신에게 투자하는 것이다.

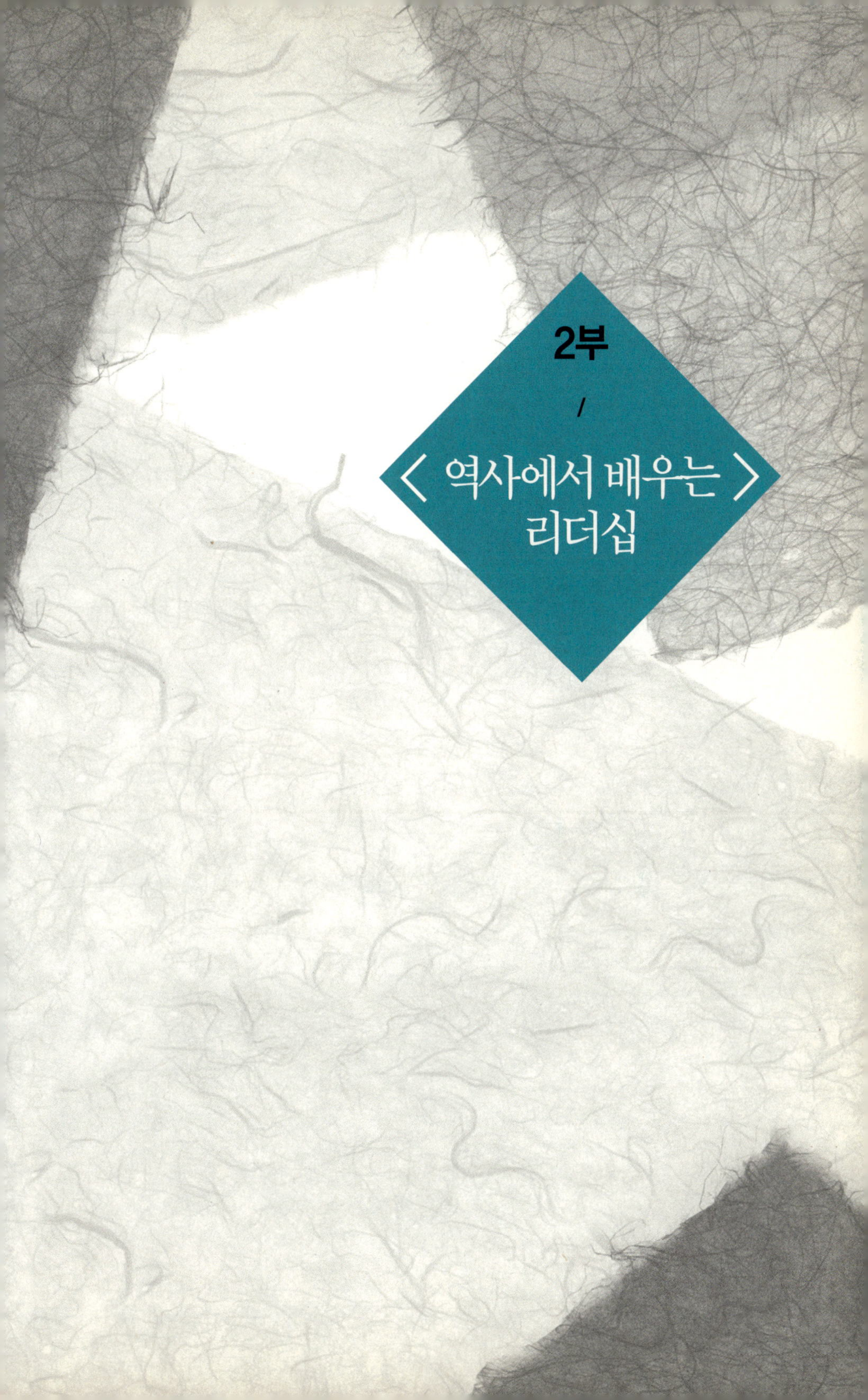
2부
/
< 역사에서 배우는 >
리더십

내가 바로 리더다

_ 희망의 리더십을 일깨운 버락 오바마

"힘들지만 우리는 할 수 있고, 또 해 낼 것이다."

2009년 1월, 버락 오바마는 미국의 44대 대통령으로 선출되었을 때, 200만 청중 앞에서 다시 희망을 얘기했다.

말은 자꾸 되뇌면 정말 그렇게 되는 마력이 있다. 인종의 벽을 넘고, 상식의 벽을 무너뜨리며 달려온 그다. 담대한 희망으로 변화를 얘기하며, 꿈을 현실로 이루어 낸 그다. 그래서 지금도 대부분의 미국인들은 오바마의 희망을 믿고 있다.

오바마는 더 이상 나쁠 수 없는 상황에서 대통령이 되었다. 아무리 훌륭한 지도자도 때를 만나지 못하면 리더십을 발휘할 기회를 얻지 못한다. 그런 점에서 오바마는 하늘이 내린 때를 만났는지도 모른다. 하지만 그가 난세의 영웅이 될 것인지, 그저 그런 대통령으로 역사 속에 기록될 것인지는 그가 보여 줄 리더십에 달렸다.

미래의 일을 앞당겨 볼 줄 아는 것을 '비전'이라 한다면 리더란 그런 비전을 나누어 주는 사람이다. 비전은 곧 희망이다. 2차 세계대전 승리의 한 주역이었던 영국의 처칠이 위대한 정치가로 불리는 것은 절망적인 전시 상황에서도 국민들에게 희망을 주었기 때문이다. 이렇다 할 업적을 남기지 못한 존 F. 케네디 대통령이 지금까지 미국인들의 존경을 받고 있는 것도 그가 온 나라에 새로운 희망을 불어넣었기 때문이다.

나라든 기업이든 미래에 대한 희망을 잃지 않으면 아무리 힘든 상황에서도 다시 일어설 수 있다. 그러나 아무리 탁월한 지도자가 나타나더라도 혼자서는 뭘 수가 없다. 아무리 뛰어난 사장이라도 영업을 잘하고, 관리까지 다 잘할 수는 없는 법이다. 그렇기 때문에 주변 사람을 제대로 찾아 제대로 쓸 줄 아는 것이 리더의 가장 중요한 조건인 것이다.

그러나 겪어 보기 전에는 알 수 없는 것이 사람이다. 얼마나 많은 리더들이 이를 몰라 곤욕을 치렀던가. 심지어 공자 같은 성현도 사람을 잘못 보는 실수를 범한 적이 있었다.

공자의 제자 중에 '자우子羽' 라는 사람이 있었다. 볼품없는 외모를 가진 그를 공자는 홀대했다. 하지만 공부를 마친 뒤 자우는 전국에 명성을 떨치는 큰 인물이 되었다. 그 말을 듣고 공자는 '이모취인以貌取人'이라며 겉으로만 사람을 평가한 자신을 크게 뉘우쳤다.

공자에게는 '자아子我'라는 제자도 있었다. 그는 언변과 재치가 출중했다. 말을 하면 청산유수요, 하나를 말하면 둘을 알아들었다. 공자는 그를 높이 평가해 제齊나라의 벼슬자리에 추천했다. 그러나 그는 겉과 속이 달랐다. 결국 자신의 야욕에 사로잡혀 일족이 멸족당하는 최후를 맞고 말았다. 나중에 공자는 이렇게 뉘우쳤다.

> "나는 지금까지 말이 훌륭하면 사람됨도 믿을 수 있다고 생각했다. 그러나 이제는 아무리 말이 훌륭해도 행동을 확인하기 전에는 안심할 수 없게 되었다."

인재를 제대로 아는 것이 얼마나 어려운 일인지를 일깨워 주는 일화다. 그래서 인재를 알아볼 줄 아는 사람을 리더라고 한다. 인재가 인재를 알아본다고 했다. 리더가 되고 싶은가? 그렇다면 내가 먼저 인재가 되어야 한다. 어렵다고? 아니 사람은 이미 누구나 다 인재다.

대통령이 되고 사장이 되어야만 리더인 것은 아니다. 가정에서, 직장에서 또는 자기가 속한 단체에서 어느 한 자리 리더의 역할을 감당하지 않는 사람은 없다. 단지 깨닫지 못하고 있을 뿐이다. 자신감이 인재를 만든다. '내가 리더다, 내가 인재다'라는 자각 속에서 비전은 싹이 튼다.

경제가 어렵고 매일의 삶이 버겁다. 이럴 때 리더는 희망을 얘기한다. 나라고 못할 것 없다. 오바마의 희망에 감동했다면 우리도 한 번 새로운 비전의 취임사를 써 보자. 내가 맡은 자리, 내가 꾸리는 삶, 이전보다 더 잘 할 수 있다는 희망을 얘기해 보자. 가정이 살아나고, 일터가 살아날 것이다. 인생이 달라질 것이다.

어려운 시대일수록 희망의 리더십은 먼저 나에게서부터 나와야 한다.

집단지성의 힘

_ 학습의 중요성을 강조한 후진타오

인터넷이 보편화 되면서 '집단지성'이라는 말이 새롭게 주목받고 있다. 집단지성이란 개별적으로는 미미한 개체들이지만 협력 혹은 연대를 통하여 개체의 한계를 뛰어넘는 탁월한 지적 능력을 발휘하는 것을 말한다.

집단지성이 가장 잘 구현된 예는 온라인 백과사전 '위키피디아' 다. 여러 사람이 함께 만들어 가는 이 사전은 불과 몇 년 만에 브리태니커 사전의 지식수준을 넘어섰다. 모르는 것을 질문하면 거의 실시간으로 답변이 돌아오는 '네이버 지식In' 같은 것도 다중의 집단지성에 기댄

것이다. 미국 사법부의 배심원 제도 역시 따지고 보면 한 사람의 전문가보다는 다수의 비전문가들 판단이 훨씬 더 정확하다는 믿음에 근거하고 있다.

요즘 웬만한 기업에선 마케팅이나 새로운 사업 개발에 집단지성을 활용하고 있다. 뿐만 아니라 많은 기관과 단체들도 집단지성의 개념을 받아들여 큰 성과를 내고 있다. 중국을 21세기 초강대국으로 이끌고 있는 중국 지도부의 '집단학습'도 그중의 하나다. 2002년에 취임한 후진타오胡錦濤 주석의 주도로 시작된 집단학습은 정치국 상무위원 전원이 한데 모여 각계 전문가들의 강의를 듣는다.

헌법을 공부하고 과학을 익히며 역사를 논한다. 경제를 학습하고 문화를 연구하며 예술을 이야기하기도 한다. 그러고 나서 질의응답과 토론을 통해 국가 현안과 접목시키고, 앞으로의 정책 방향에 대해 합의를 이끌어 낸다. 마오쩌둥毛澤東이나 덩샤오핑鄧小平 같은 카리스마를 갖지 못한 후진타오 주석은 이런 집단학습을 통해 당의 의견을 일치시키고, 라이벌 세력과의 이견을 줄이면서 중국을 이끌고 있다. 이른바 '학습의 리더십' 이다.

중국의 집단학습에서 우리가 보아야 할 것은 배움 앞에 겸손한 리더의 모습이다. 자신에게 부족한 것을 인정하고 전문가의 목소리에 귀 기울일 줄 아는 리더의 자질이다.

지도자의 가장 중요한 덕목 중 하나는 상황 인식 능력이다. 지금 우리가 어떤 처지에 처해 있으며, 어떤 방향으로 나아가야 한다는 것을 정확히 알고 길을 제시하는 능력이다. 미래를 향한 비전도 현재의 실천

방안도 모두 여기서 나온다. 그러나 혼자서는 어렵다. 자리가 높아질수록 자기가 최고라는 독선과 아집에 사로잡힐 가능성이 많기 때문이다. 그래서 학습이 필요하고, 집단지성을 인정하는 아량이 필요하다.

폭넓은 공부는 닫힌 마음을 열게 하고, 완고한 성품을 부드럽게 만든다. 시대의 흐름에 민감하게 하고, 원대한 비전을 향해 나아가게 한다. 진정한 리더는 그런 배경 속에서 만들어진다.

지금 한국 사회는 극복해야 할 수많은 과제들이 있다. 끊임없이 지적되고 있는 정당이나 기업의 리더십 부재도 그중의 하나다. 비전과 계획은 거창하지만, 늘 용두사미가 되고 마는 것도 많다. 툭하면 헐뜯고 싸우는 집단 이기주의 또한 마찬가지다. 왜일까?

'내가 아니면 안 돼!' 라는 욕심 때문이다. 내가 리더니까 모든 것을 내가 다 해야 하고, 내가 다 할 수 있다고 여기기 때문이다. 리더라고 해서 모든 방면에서 다른 사람보다 나아야 한다고 여기는 것만큼 위험한 생각은 없다. 후진타오는 이렇게 강조한다.

> "공부하지 않으면, 꾸준히 배우지 않으면, 각고의 노력으로 학습하지 않으면, 반드시 낙오할 수밖에 없다(不學習 不堅持學習 不刻苦學習 勢必會落伍)."

리더를 꿈꾸는 사람들이라면 이 말을 '공부하지 않으면 절대로 리더가 될 수 없다.'는 경고로 들어야 한다. 단, 그 공부는 자신의 이익보다 공동체를 먼저 생각하는 공부여야 한다.

카이사르는 멋졌다

_ 로마의 역사를 바꾼 리더

작가 시오노 나나미의 『로마인 이야기』는 15권이나 되는 방대한 저작이다. 그중 4, 5권은 전부가 '시저'라 불리는 율리우스 카이사르(Julius Caesar, B.C. 100 ~ B.C. 44)에 관한 것이다. 고대 로마 역사에서 그만큼 걸출하고도 중요한 인물이 없었다는 말이다.

카이사르는 로마제국의 기틀을 완성한 정치가이자 탁월한 장군이었다. 웅변가에 법률가였으며, 건축가, 수학자로도 명성을 떨쳤다. 더 놀라운 것은 그의 이런 천재성이 타고난 것이 아니라 각고의 노력 끝에 나이 40이 넘어 뒤늦게 발휘되었다는 사실이다. 사람들은 카이사르는 몰라도 그가 남긴 말들은 기억한다.

"주사위는 던져졌다."

자신을 제거하려는 원로원의 소환장을 받아들고 고뇌의 결단 끝에 갈리아 총독 카이사르는 이렇게 외쳤다. 그리고 루비콘 강을 건너 로마로 진군, 숙적 폼페이우스와 그 일파를 제거한다.

"왔노라, 보았노라, 이겼노라!"

이는 여세를 몰아 소아시아 지역을 평정한 카이사르가 원로원에 보낸 환희의 승전보였다. 그러나 권력의 정점에 선 카이사르도 끝내 원로원 의원 14명의 칼에 최후를 맞는다.

"브루투스 너 마저도!"

죽음을 맞이한 순간 아들처럼 여겼던 심복 브루투스를 향해 읊조렸던 카이사르의 마지막 말이었다. 카이사르의 마지막은 비참했지만 제국을 이루려는 그의 꿈은 후계자 옥타비아누스가 최초의 로마 황제가 됨으로써 완성되었다. 또한 자신은 황제가 되지 못했지만, 그의 이름은 독일에서 '카이저'로, 러시아에서 '차르'로 황제를 뜻하는 보통 명사가 되어 후세에 전해졌다.

카이사르는 지성과 끈기, 설득력과 자제력을 고루 갖춘 불세출의 리더였다. 그러나 카이사르가 남다른 영웅으로 남을 수 있었던 것은 그가 역사상 드물게 '글을 쓰는' 리더였다는 데 있다.

그는 8년에 걸친 갈리아 정복 과정을 『갈리아 전쟁기』라는 책으로 남겼다. 이 책은 2000여 년 전의 유럽을 전해 주는 소중한 자료일 뿐만 아니라 지금도 라틴어 공부의 고전으로 활용될 만큼 뛰어난 문장을 자랑한다. 역사가들은 그의 글이 고상하면서도 질박하고, 명료하면서도 힘이 넘친다고 평한다. 그의 성품이 꼭 그랬다.

20세기 최고의 정치가로 일컬어지는 처칠은 『2차대전 회고록』으로 노벨문학상까지 받았다. 만약 카이사르가 요즘 살았더라면 그의 작품이야말로 노벨상감이 아니었을까?

글을 잘 쓴다고 모두 리더가 되는 것은 아니다. 하지만 글 잘 쓰는 리더가 좀 더 효율적인 소통을 할 수 있다는 것만은 분명하다. 리더의 또 다른 자질이라 할 수 있는 비판적 사고와 문제 해결 능력을 기르는 데도 글쓰기만큼 유용한 훈련은 없다.

세계적 리더의 산실인 하버드 대학의 리처드 라이트 교수도 『하버드 수재 1,600명의 공부법』이라는 책에서 이렇게 강조한다.

> "하버드 학생들이 4년 동안 가장 신경 쓰는 분야는 글쓰기다. 자신의 생각을 글로 표현할 줄 아는 능력은 학교생활뿐만 아니라 사회생활에서도 가장 중요한 성공 요인이다."

정말 그렇다. 언젠가 한 조사기관에서 하버드 졸업생 중 사회적 리더가 된 사람들을 대상으로 가장 중요한 성공 요인이 무엇이었는지를 물었다. 그때 가장 많이 나온 대답은 학벌이나 인맥이 아니라 놀랍게도 '글쓰기 능력'이었다.

아직도 글을 쓰는 것이 특별한 사람들의 특별한 능력이라고 생각하는 이가 많다. 절대로 그렇지 않다. 카이사르가 그랬듯 나이 들어서도 얼마든지 가능한 게 글쓰기다. 많이 읽고, 많이 생각하고, 꾸준히 써 보는 것만이 해답이다. 우리 주변에도 글 쓰는 리더들이 더욱 많아지기를 기대해 본다.

들어라! 길이 보일 것이다

_ 경청의 리더십을 발휘한 당나라 태종

중국 역사에는 무수한 왕조가 명멸했지만, 중국인이 가장 자부심을 느끼는 나라로 당唐나라가 빠지지 않는다. 이민족의 침입이 잦았던 오랜 혼란기를 수습한 부국강병의 한족漢族 왕조였을 뿐만 아니라 문화적으로도 전례 없는 위업을 남겼기 때문이다.

그런 당나라를 일궈낸 주인공이 태종 이세민(李世民, 599~649)이다. 우리에겐 고구려를 침공했다가 안시성 전투에서 참패한 군주 정도로 기억되고 있지만, 알고 보면 그는 청나라 강희제와 함께 중국 역사상 가장 훌륭했던 황제로 쌍벽을 이룬다.

이세민은 형과 아우를 제거하고 황제가 되었다. 그만큼 강한 인물이었다. 하지만 실제 다스림에 있어서는 그 만큼 문치적인 사람도 없었다. 인재를 중용하고, 학문을 숭상함으로써 중국 역사의 전설적 이상 국가였던 요堯, 순舜, 우禹 '삼대三代' 다음 가는 중국 최고의 태평성대를 열었다. 그런 당 태종의 통치술은 『정관정요貞觀政要』라는 책에 담겨져 지금까지 전해진다. 그의 대표적인 통치술은 자신을 먼저 다스리는 것이었다.

1. 남 탓을 말라. 나를 상하게 하는 것은 언제나 내 안에 있다.
2. 끊임없이 공부하라. 세상의 모든 지혜는 책 속에 있다.
3. 범부의 말이라도 귀담아 들어라. 더 이상 들을 것이 없다고 생각하는 것만큼 어리석은 일은 없다.

당 태종은 이런 식으로 자신을 먼저 경계했다. 그러고 나서 백성을 두려워하고, 주변 사람의 말에 귀를 기울였다. 말 그대로 '경청의 리더십'이었다.

서양의 대제국 로마에도 듣기를 좋아했던 황제가 있었다. 로마제국 최대의 판도를 이뤘던 트라야누스(Marcus Ulpius Trajanus, 재위 98~117년) 황제가 그 주인공이다.

당시만 해도 황제는 로마 출신이어야만 될 수 있었다. 트라야누스는 그런 불문율을 깨고 속주 출신의, 그것도 로마의 순수 혈통이 아닌

혼혈 혈통을 이어받은 최초의 황제가 되었다.

트라야누스는 변방을 평정하고 황제로 추대되어 로마로 귀환할 때 황궁까지 말을 타지 않고 걸어서 입성했다. 이는 장차 그의 통치가 어떨 것인지를 짐작케 하는 일이었다. 그는 황제로 등극한 후 온유한 성정을 바탕으로 외유내강의 통치를 펼쳐 제국 로마를 문화대국으로 키웠다. 황제가 된 뒤에도 권위와 사치를 멀리했으며, 겸손의 자세로 정무를 살폈다. 격식을 따지는 대신 늘 진지하고 성의 있는 태도로 주변 사람의 의견에 귀를 기울였다. 오현제五賢帝 시대 로마의 평화는 그가 발휘한 경청의 리더십에서 비롯된 것이다.

나이가 들수록, 지위가 높아질수록 붙들고 있기 힘들어지는 것이 있다. 바로 듣는 기술이다. 정치인들은 국민의 소리를 듣기보다는 자기 생각을 내세우기에 바쁘다. 기업하는 사람들 역시 자신의 이익만 쫓느라 고객의 소리를 들을 겨를이 없다.

당 태종은 교만, 사치, 독선을 경계하라는 신하의 상소에 분노하지 않고 오히려 상을 내려 격려했다. 트라야누스 황제도 황제의 권위를 내세우기보다 듣기에 더욱 힘썼다.

강한 리더는 어디서나 만날 수 있다. 그러나 합리와 이성으로 무장된 따뜻한 리더는 찾아보기 어렵다. 카리스마는 겉으로 드러나는 모습에서가 아니라 내면의 본성으로부터 나온다고 했다. 강한 주장과 꺾이지 않는 고집, 큰 목소리는 리더의 덕목이 아니라 갈등과 분열을 불러오는 독소일 뿐이다.

국가든 기업이든 태동기와 변혁기에는 강한 리더가 빛을 발한다. 하지만 그런 시기는 그다지 길지가 않다는 것을 사람들은 자꾸 잊는다. 해가 바뀔 때마다 끊임없이 삐걱거리는 소리를 냈던 정당, 기업, 그리고 여러 사회단체들을 생각해 본다. 그런 곳은 예외 없이 남의 말을 잘 듣지 않는 독선의 리더를 가진 곳이었다.

얼마나 많은 시간이 지나야 달라질까? 지혜롭게 듣는 자가 세상을 얻는다고 했는데…….

내가 뽑고 싶은 지도자

_ 배려의 리더십을 발휘했던 정조대왕 이산

2007년에 TV에서 방영되었던 인기 드라마 「이산」으로 우리 곁에 다가온 정조正祖는 조선의 22대 임금으로 조선조 마지막 명군으로 꼽힌다. 1997년 유네스코에 의해 세계문화유산으로 등재된 수원 화성華城은 그런 정조의 역작이었다.

성곽 축조는 30세의 젊은 실학자 정약용이 맡았다. 그는 당시 최고의 과학기술과 최신 공법을 동원해 10년 예정의 공사 기간을 3년으로 단축시켰다. 그러나 수원 화성이 따로 돋보이는 것은 그것이 정조의 각별한 부모 공경에서 비롯되었으며, 축성 과정에서 백성을 사랑하는 마음이 고스란히 발현되었다는 데 있다.

정조는 축성에 참여한 모든 일꾼들에게 정당하게 품삯을 지불하도록 했다. 무더운 여름에는 일꾼들이 더위를 이길 수 있도록 약과 영양제도 하사했다. 당시로선 모두 이례적이었다. 압권은 추운 겨울에 모든 일꾼들에게 털모자를 내려 보낸 것이었다. 당시만 해도 털모자는 정3품 이상 당상관들만 쓸 수 있는 귀한 물건이었다. 그런 털모자를 성곽을 쌓는 인부들에게까지 나눠 주도록 한 것은 추위에 떨며 고생하는 백성들의 처지를 헤아리지 못했다면 있을 수 없는 일이었다.

2012년, 새로운 지도자를 세우느라 세계가 분주하다. 리더가 되려는 사람도 줄을 섰다. 경제를 살리겠다, 계층과 세대 간의 갈등을 치유하겠다, 꿈과 비전을 공유하겠다는 등 구호도 무성하다. 그러나 구호만으로는 세상이 달라지지 않는다. 이미 우리는 그것을 너무 많이 확인했다. 사상 최대의 표 차이로 당선된 이명박 대통령도 그런 구호를 믿고 뽑은 리더가 아니었던가.

실패하는 리더들을 보면 공통점이 있다. 하나같이 자신의 관점으로만 세상을 보려 한다는 것이다. 배려와 소통보다 독단과 독선으로 일관한다는 것이다. 판단력, 결단력, 설득력, 경청의 자세 등 교과서적인 리더의 자질을 두루 갖추고도 결정적 한 가지, 타인의 관점으로 세상을 보려는 자세가 절대적으로 부족하다는 것이다.

어느 교회에서 있었던 일이다. 예배당 가까운 자리에 담임목사 전용 주차장이 있었다. 담임목사는 늘 그곳에 차를 주차했다. 그러나 평일에만 그랬다. 교인들이 붐비는 일요일에는 한 번도 그 자리에 차를 세우지 않았다. 대신 좀 더 일찍 나와서 일부러 먼 곳에 차를 주차하고 왔다. 몇 년을 그렇게 했지만 담임목사 전용 주차장에 차가 없다는 것을 특별하게 생각하는 교인은 거의 없었다. 그러다가 담임목사가 바뀌었다. 새로 온 목사님도 전용 주차장을 이용했다. 일요일에도 그곳에 차를 세웠다. 담임목사를 위한 주차 공간이니까 당연한 일이었다. 하지만 전과 달리 예배를 마치고 나온 교인들의 동선은 달라졌다. 친교의 공간도 좁아졌다. 그렇지만 왜, 무엇이 달라졌는지 인지하는 사람들은 그리 많지 않았다.

이런 것이 리더십의 차이다. 당연한 것도 관점을 달리해서 다르게 본다는 것, 그것이 배려다. 늘 타인의 입장에서 생각하고 행동하는 것, 그것이 사랑이다. 이런 것은 머리로는 되지 않는다. 그러기에 김수환 추기경도 사랑이 머리에서 가슴으로 내려오는데 평생이 걸렸다고 하지 않았던가.

선거철을 맞아 온갖 언설 요설들이 난무하고 있다. 어떤 사람을 선택해야 할지 판단이 서지 않는다. 어떻게 해야 할까?

나는 정치가의 구호는 잘 믿지 않는다. 대신 그들의 평소 행동 하나하나를 살피는 데 주력할 것이다. 얼마나 남다른 배려의 마음을 가졌는지, 스스로에겐 얼마나 엄격한지, 자신이 내뱉은 말과 행동은 또 얼마나 일치하는지를 지켜볼 것이다. 소중한 내 한 표는 그런 다음 조심스럽게 행사할 것이다. 그렇게 뽑힌 리더라면 당장은 눈부신 성장, 빛나는 발전, 획기적인 변화를 이뤄내지 않더라도 나는 얼마든지 행복할 수 있을 것 같기 때문이다.

제발 눈높이를 낮추세요

_ 착각의 소통 조조와 여백사

어떤 사람이 손으로 탁자를 두드리며 속으로 생각한 노래를 연주한다 치자. 연주를 듣는 사람들은 얼마나 그 곡을 알아맞힐 수 있을까? 연주자는 듣는 사람들의 50% 이상이 쉽게 맞힐 수 있을 것이라고 예상했지만, 실제로 곡을 맞힌 사람은 극소수인 2.5% 뿐이었다. 미국 스탠포드 대학 엘리자베스 뉴튼 교수가 진행했던 '두드리는 자와 듣는 자'라는 유명한 실험 결과다. 이 실험의 핵심은 '착각의 소통'이 우리 사회에 얼마나 만연해 있는지를 일깨워 주었다는 데 있다.

자신은 상대에게 제대로 메시지를 전달했다고 생각하지만, 실제로는 전혀 공감과 교감을 이루어 내지 못하는 경우는 너무나 많다. 대통령은 끊임없이 정책을 설명하고 이해를 구하지만, 야당과 국민은 늘 딴 방향이다. 사장은 틈만 나면 비전을 선포하고 고객 감동을 주문하지만, 직원들에게는 언제나 건조한 메아리일 뿐이다.

가정에서도 마찬가지다. 부모는 아이에게 끊임없이 잔소리를 해대고 그때마다 아이는 "알았어요!"라고 대답하지만, 달라지는 것은 없다. 모두가 착각의 소통인 것이다. 중국의 4대 기서 가운데 하나인 『삼국지연의三國志演義』에 이런 이야기가 나온다.

> 동탁에게 쫓겨 아버지의 절친한 친구인 여백사의 집으로 숨어든 조조. 그런 조조를 대접하기 위해 여백사는 술을 받으러 나가고, 하인들은 음식을 준비한다. 그러나 숨어 있던 조조는 쓱싹쓱싹 칼 가는 소리와 "그냥 잡을까, 묶어 놓고 잡을까?"라고 고민하는 하인들의 말을 듣고는 자기를 죽이겠다는 것으로 생각해 여백사의 식솔 8명을 모조리 죽이고 만다. 나중에 돼지가 밧줄에 묶여 있는 것을 보고 자신의 실수를 깨달은 조조는 황급히 그곳을 떠나지만, 술을 받으러 갔던 여백사를 도중에 만난다. 조조는 여백사가 관아에 밀고를 하고 오는 것으로 오해해 결국 그마저도 죽인다.

이 이야기는 조조의 인간됨을 보여주기 위한 대목이지만, 소통의 부재와 착각이 얼마나 비극적인 상황을 만들어 낼 수 있는지를 단적으로 보여주는 예화이기도 하다.

소통의 단절은 결국 화를 부른다. 중동 지역에 거세게 불어 닥친 튀니지와 이집트의 민주화 바람도 수십 년 독재가 만들어낸 착각의 소통이 원인이었다. 날마다 신문 사회면을 장식하는 끔찍한 사건들도 예외 없이 대화의 통로가 막혀 있었다는 데 뿌리가 있다. 우리 사회도 마찬가지다. 긴 불황에 문을 닫는 업소가 줄을 잇지만, 알고 보면 고객의 마음에 다가가지 못해서일 것이다. 툭하면 싸우고 분열하는 정치권이나 기관, 단체들도 리더의 일방통행 소통에 기인한 경우가 많다.

그렇다면 어떻게 해야 할까? 먼저 리더가 '마음의 시력'을 회복해야 한다. 마음의 시력이란 다른 사람의 마음을 헤아리는 능력이자 배려다. 마음의 시력이 약한 사람은 결코 남을 껴안을 수 없다. 우선 나부터 마음의 눈을 닫고 사는 것은 아닌지 돌아볼 일이다. 지위가 높다거나 돈이 많거나 지식이 많은, 소위 잘난 축에 끼인다고 스스로 생각하면 더욱 그래야 한다.

마음의 눈이 닫히면 다른 사람의 눈높이를 알지 못한다. 내가 이렇게 말하는데 너는 왜 저렇게 알아듣느냐는 원망과 질책을 달고 산다. 소통이 이루어질 리 없다. 이를 두고 뉴튼 교수는 '지식의 저주'라 불렀다. 더 많이 아는 것이 축복이 아니라 오히려 커뮤니케이션에 방해가 된다는 의미다.

모든 리더는 소통의 달인이기를 꿈꾼다. 그렇다면 나와 남이 다를 수 있다는 것부터 인정해야 한다. 상대의 관점에서도 바라볼 수 있는 마음의 눈을 떠야 한다. 참된 리더십은 그런 것에서 출발한다. 바라건대 모든 국회의원님, 장관님, 사장님, 회장님, 목사님, 장로님, 그리고 스님들까지 이 땅의 모든 리더들의 눈길이 좀 더 낮은 곳으로 내려올 수 있었으면 좋겠다.

로토 떨어졌다고 세상이 끝나나

_ 가난의 지혜를 보여준 조선 선비 이덕무

언젠가 복권에 당첨되지 않은 것을 비관한 중국집 종업원이 스스로 목숨을 끊었다는 사건을 몇 해 전에 접했었다. 그는 죽기 전 몇 달간 거의 3천만 원을 복권 구입에 쏟아 부었다고 한다. 이런 일이 있기 전에도 20대 젊은이가 한꺼번에 270만 원 가량의 로토 복권을 샀다가 당첨되지 않자 이를 비관해 자살한 사건이 있었다.

그 뿐이랴. 수십억 당첨금을 탕진하고 결국 패가망신했다는 얘기들은 이미 고전이다. 연전엔 결혼을 약속하고 동거하던 남녀가 로또 1등 당첨 여부를 놓고 상대가 자신을 속인다며 서로 고소한 사건도 있었다. 모두가 궁핍한 시대에 들려오는 우울한 사건들이다.

우리는 안다. 억세게 운이 좋아 하루아침에 돈벼락을 맞는다고 해도 그것이 모두 행복으로 귀결되지 않는다는 것을. 일확천금이 오히려 불행의 전주곡일 수 있다는 경고도 수없이 들어왔다. 그럼에도 사람들은 한 탕을 꿈꾼다. 잭팟 당첨금이 올라갈수록 부나비처럼 몰려든다. 그러나 누가 돌을 던지랴. 한 번쯤 인생역전을 꿈꾸지 않는 자 없을진대.

로토의 미덕은 수억 달러의 일확천금에 있지 않다. 몇 천 원으로 살 수 있는 일주일의 단 꿈. 그것으로 엔도르핀이 솟고, 행복지수가 높아진다면……. 범부의 낙은 오히려 그런 곳에 있다 할 것이다. 그러나 거기까지여야 한다. 그것도 딱 한 장만 사서 일주일의 단꿈에 젖어 보는 것이 가장 큰 효용이다. 한 장을 사나 열 장을 사나 당첨 확률이 거의 없다는 것은 변함이 없다. 1천만 장이 발행된 복권이라면 1등에 당첨되지 않고 남는 복권은 9,999,999장이다. 9장을 더 산다고 하더라도 여전히 9,999,990장은 남는다는 말이다.

돈에는 사람을 미혹하고, 눈을 멀게 하는 마력이 있다. 전직 대통령의 형이 얼마를 해 먹고, 그 친인척들까지 수억 원의 떡고물을 만졌다더라는 얘기도 결국은 돈 앞에서 약해지는 인간의 미욱함에 기인한다. 그래서 나는 돈을 함부로 말하기가 두렵다. 누군가가 돈 앞에 자유로울 수 있다고 말하는 것도 믿지 않는다.

돈을 가져서 행복하지 않다고 말하는 것은 기만이다. 돈이 행복의 전부가 아니라고 말하는 사람은 돈을 벌어보지 못한 사람들의 항변일 뿐이라는 얘기도 있다. 그렇지만 가난하다고 해서 불행한 것은 정말 아니다. 돈이 없어도 부자로 사는 사람, 가난 속에서도 온전한 삶을 누리는 사람들은 얼마든지 있기 때문이다

조선시대 정조 때의 선비였던 이덕무(李德懋, 1741~1793)는 평생을 책과 더불어 살았던 사람이다. 하지만 너무나 빈궁하여 그렇게 좋아하는 책도 제대로 사지 못하고 늘 빌려 읽었다. 하지만 그는 한 번도 가난을 부끄러워하거나 한탄하지 않았다고 한다. 그는 이런 말을 남겼다.

> "가장 뛰어난 사람은 가난을 편안히 여기는 사람이다. 그 다음은 가난을 잊고 사는 사람이다. 제일 못난 사람은 가난을 부끄러워하여 감추거나 남에게 자신의 가난을 호소하는 사람, 가난에 짓눌려 결국 가난에 부림을 당하는 사람이다. 그러나 가난을 원수처럼 여기다가 그 가난 속에서 죽어 가는 사람은 더 못난 사람이다."

가난을 무능의 동의어로 여기며 괴로워하는 사람들에게 던지는 일갈이 아닌가. 돈 앞에 비굴해지고, 돈 앞에 이성도 양심도 마비되고 마는 현대인들을 향한 매서운 죽비가 아닌가.

대공황 이후 최대의 불황이라는 요즘이다. 너도나도 힘들어 죽겠다고 아우성이다. 그러나 우리네 삶에 어느 한 시기 힘들지 않은 때가 있었던가? 1970~1980년대에 미국 땅을 밟은 이민자들은 모두가 가

난했다. 지금처럼 한국서 뭉칫돈을 들고 가지도 않았다. 달랑 몇 십 달러, 몇 백 달러를 들고 공항에 내렸다는 이야기들은 이민 사회에서는 전설처럼 회자된다. 6.25 때 피란 온 실향민들도 마찬가지다. 모든 것을 남겨 두고 맨몸으로 내려왔다는 그들이다. 그들은 맨주먹으로 시작할 수밖에 없었고, 땀 흘려 일하며 아끼고 절약했다. 지금 떵떵거리며 사는 사람들은 대부분 그런 과정을 거쳤다. 그들이 산 교훈이다.

보통 사람들에겐 결코 돈벼락은 떨어지지 않는다. 그러니 헛것에 한 눈 팔지 말고 한 걸음씩 다시 내디뎌야 한다. 조선 선비 이덕무가 2000년 전에 터득했던 빈궁을 괴로워하지 않는 법도 배워 보자. 그것조차 힘이 든다면 마음부터 추스르자. 잘 될 거야! 잘 살 거야! 이런 믿음을 갖자. 하늘도 감당치 못할 고난은 내리지 않는다고 했다.

역사를 바꾸는 힘

_ 박원순, 안철수의 상식 파괴

2011년에 치러진 서울시장 보궐선거에서 졸지에 서울시장이 된 박원순 후보는 선거가 끝난 후 '상식의 승리'라고 자평했다. 단숨에 가장 유력한 대선 후보로 떠오른 안철수 교수 역시 "시민들이 상식의 손을 들어 준 것"이라고 말했다.

그렇다면 이들이 말한 상식이란 무엇일까? 사전에서는 '누구나 알고 있거나 알아야 하는 지식이나 판단력'이라 정의한다. 거기엔 '응당 그러할 것'이라는 다수 대중의 믿음이 전제되어 있다. '상식이 통하는 세상'이라 말할 때의 상식이 이런 상식이다. 박원순, 안철수가 말하는 상식 또한 이런 상식이었을 것이다.

하지만 다른 상식도 있다. "상식에만 매몰되어 있으면 발전이 없다."라고 말할 때의 그 상식이다. 여기서의 상식은 현실 안주 또는 전통 고수의 이미지와 오버랩이 된다. 기득권 내지 수구의 냄새도 살짝 풍긴다. 이런 상식은 극복되어야 할 대상이다. 역사를 바꾼 위인들의 공통점도 하나같이 이런 상식에 맞서 싸웠던 사람이었다는 점이다.

18세기 정조 때 이벽(李蘗, 1754~1785)이라는 선비가 있었다. 그는 조선 땅 최초의 천주교 신자였다. 세계 기독교 역사상 유례없이 어떤 선교사도 들어오기 전에 순전히 혼자서 교리를 깨우쳐 신자가 되었다.

그때는 선비라면 당연히 유학을 공부해 벼슬길로 나아가는 것이 상식이었다. 그러나 이벽은 천재 소리를 들을 정도로 학문이 출중했음에도 과거 보기를 포기했다. 대신 세상을 근본적으로 변혁시키기 위한 새로운 길을 찾았고, 그래서 선택한 것이 천주교였다. 조선 최초로 영세를 받은 이승훈도 사신으로 북경에 파견되기 전 이벽을 통해 먼저 복음을 전해 들었다.

이벽은 31세의 나이로 요절했다. 하지만 그의 상식 파괴는 당시로서는 작은 개울물에 불과했지만, 결과적으로 한국인의 정신사를 바꾼 거대한 폭포가 되었다.

한글을 창제한 세종대왕 역시 조선 최고의 임금이 될 수 있었던 것은 상식을 깨트린 정책과 행보의 결과였음을 보여준다. 한자漢字가 상식이던 시대에 한글 창제만큼 목숨 건 반란이 또 있었을까?

최근 타계한 스티브 잡스도 마찬가지다. 누구나 그러하리라고 생각했을 때, 잡스는 달리 생각했다. 상식을 배반한 애플사의 제품은 현대인의 새로운 상식이 되고 있다.

다시 박원순, 안철수로 돌아가자. 젊은 세대의 60~70%가 그들을 지지하고 있다. 왜 그럴까? 그들의 말과 이력에서 상식 파괴를 보기 때문이다.

박원순 시장. 그는 가난한 시골에서 태어나 좋은 대학에 들어갔지만, 감옥에도 갔다 왔고, 검사와 변호사 자리를 버리고 스스로 고난의 길을 걸었다.

안철수 교수. 의사에서 컴퓨터 프로그래머로, 경영자로, 그리고 교수로 세상의 기대나 효율성과는 거리가 먼 삶을 살았다. 대신 둘 다 의미 있고, 재미있고, 잘 할 수 있는 일을 스스로 선택해 왔다. 보통 사람의 상식으로는 생각할 수 없는 궤적들이었다.

답은 이것이다. 시대의 상식을 뛰어 넘어 역사의 물줄기를 돌려놓았던 위인들처럼 지금 한국의 젊은이들은 박원순, 안철수 류의 상식 파괴 속에서 세상이 좀 더 발전하고 더 좋아질 수 있다는 희망을 찾고 있는 것이다. 여기에 이념이나 정치적 성향은 그다지 문제가 되지 않는다.

그러나 이들의 폭풍 인기가 불편하고 불쾌하며, 부당하다고 여기는 사람도 적지 않다. 상대적으로 보수적인 성향의 사람들이 더 그렇다. 그런 분들에게 역사의 모든 진보는 상식을 배반한 비상식적인 사람들이 있었기에 가능했다는 사실을 떠올려 보라고 한다면 너무 가혹할까? 아니면 조금이나마 위로가 될까?

CEO들은 왜 인문학을 공부할까?

_ 삼성전자 이재용 사장과 동양사학과

이재용 삼성전자 사장은 서울대 동양사학과東洋史學科를 졸업했다. 한국 최대 재벌가의 외아들이 경영학이나 법학 같은 인기 전공을 제쳐두고 굳이 역사학을 선택한 데는 할아버지였던 이병철 삼성그룹 창업주의 조언이 크게 작용했다고 한다.

"경영자가 되기 위해서는 경영 이론도 중요하지만 인간을 폭넓게 이해하는 게 우선이다. 그러기 위해서는 교양을 쌓는 학부에서 인문학을 전공하고, 경영학은 유학 가서 배우면 좋겠다."

할아버지 말대로 이재용 사장은 동양사학과를 졸업한 뒤 일본 게이

오 대학에서 경영학 석사를, 미국 하버드 경영대학원에서 박사 과정을 밟았다. 과연 그가 학부 4년의 역사 공부를 통해 얼마나 인간을 더 이해하게 됐는지, 삼성의 첨단 제품 속에 인문학의 향기를 얼마나 더 배어나게 할지는 두고 볼 일이지만, 이미 오래전부터 삼성가에서 후계자에게 인문학의 중요성을 일깨워 주고 있었다는 점은 의미심장한 일이 아닐 수 없다.

그러나 아무리 재벌가 아들이 역사를 전공하고, 대기업 CEO들을 중심으로 전에 없이 인문학의 중요성이 강조되고는 있다지만, 현실로 돌아오면 그 위상은 여전히 바닥이다. 당장 역사 교육부터 말이 아니다. 과거 고등학교의 필수 과목이던 국사는 1990년대 이래 선택 과목으로 그 위상이 내려앉았다. 그 마저도 2011년부터는 더 내려앉아 아예 고교 3년간 국사를 한 줄도 배우지 않고도 졸업이 가능하게 됐다. 이명박 정부의 '미래형 교육 과정'에 따라 고교 전 교과목이 선택 과목이 된 까닭이다.

역사가 홀대받기는 대학에서도 마찬가지다. 취업에서의 불이익 때문에 보통 학생이 역사를 전공한다는 것은 대단한 용기가 아니고서는 힘든 일이 됐다. 연구자의 저변 또한 넓지 못해 높아진 국가 위상을 역사 연구가 쫓아가지 못하고 있는 것도 문제가 아닐 수 없다.

민주화 이후 정권마다 역사를 살리겠다고 공언했지만, 결과는 언제나 그 반대였다. 일각에서는 역사를 이념 투쟁의 도구로만 여긴 좌우 세력의 대립이 역사를 홀대받게 만든 주범이었다고 주장한다.

그러나 당장 눈앞에 열매가 보이지 않으면 아무리 가치 있는 것이라도 관심을 갖지 않는 한국 사회 특유의 조급증에 역사 푸대접의 근본 원인이 있다고 생각한다. 수학 문제 하나 잘 푸는 것과 세계 전체를 꿰뚫는 역사 인식 능력 중에 어떤 것이 더 큰 경쟁력일까? 수백 번 이런 질문을 반복해도 수학 문제 하나 더 푸는 것이 더 중요하다는 대답이 정답인 현실에서는 어떤 대책으로도 얼어붙은 역사를 녹일 수 없다는 말이다.

방법은 역사를 대하는 생각을 바꾸는 것밖에는 없다. 역사는 당장 잘 먹고 잘 사는 법을 가르쳐 주지 않는다. 사람 질리게 만드는 기계적 암기가 역사 공부의 전부도 아니다. 그럼에도 우리가 역사를 배우는 것은 과거의 흔적을 통해 현재의 당면 문제 혹은 다가올 미래의 문제들에 대한 해법을 찾을 수 있을 것이라는 믿음 때문이다. 문文, 사史, 철哲로 대표되는 인문학을 공부하는 까닭 또한 그 속에 삶을 해석하는 통찰의 힘이 담겨 있다고 믿기 때문이다. 이러한 사실을 기성세대가 먼저 자각할 때만 죽어 가는 역사 교육을 살릴 수 있을 것이다.

역사는 사람을 불러 모으는 모닥불과 같다. 해외에 나가 있는 동포들이 하나가 될 수 있는 것은 모두가 '한국사'라는 동일한 역사 DNA를 물려받은 역사 공동체이기 때문이다.

요즘 한국에서는 국사 홀대에 대한 자성의 목소리가 높다. 이와 함께 다시 필수 과목으로 해야 한다는 여론도 힘을 얻고 있다. 수렁에 빠진 한국의 역사 교육이 하루 빨리 제자리를 잡아 가길 바랄 따름이다.

역사고시歷史考試를 아시나요?

_ 한류 콘텐츠의 보물창고

얼마 전 한국에서 교수로 재직하는 친구가 책 한 권을 보내주었다. 자기가 직접 쓴 동남아시아 역사책으로, 한국인이 쓴 통사通史로는 처음 나온 것이라고 했다. 일부러 보내준 책인데 싶어 며칠을 붙들고 읽었다. 익숙지 않은 나라 이야기다 보니 재미도 덜 하고, 속도도 더뎠기 때문이다. 그렇지만 그쪽 사람들을 조금은 더 알게 되었고, 역사에 대한 관심을 다시 갖게 된 것은 나름대로의 소득이었다.

하긴 우리 역사도 제대로 모르는 판에 남의 나라 역사가 재미있다고 한다면 그도 이상할 것이다. 역사라면 따분하고 골치 아픈 것쯤으로 여기는 사람들은 또 좀 많은가. 나 역시 대학에서 역사를 공부하긴 했지만, 복잡한 연대나 지명, 사람 이름 따위를 외우는 것이 역사라면 솔직히 머리가 아팠다. 뭔가 거창한 의미를 찾고 배워야 할 것 같은 고정관념도 싫었다. 어깨에 잔뜩 힘이 들어간 전문가들이 바라본 역사, 그들의 눈높이로 해석되고 강요되는 역사는 그래서 늘 버겁고 부담스러웠다.

그래도 역사에 흥미를 잃지 않을 수 있었던 것은 대중적인 학자나 작가들 덕분이었다. 그들은 후미진 책장 속 역사를 세상 밖으로 끄집어내 주었을 뿐만 아니라 하나의 문화 콘텐츠로도 보게 했다. 우리 역사가 무궁무진한 콘텐츠의 보물창고임을 깨닫고 역사 속 작은 이야기 하나라도 시대적 상상력과 스토리텔링으로 만난다면 얼마든지 훌륭한 문화 상품이 될 수도 있다는 것을 진작부터 일깨웠던 것이다. 드라마 한류의 새 장을 연 「대장금」이나 1천만 명이 봤다는 영화 「왕의 남자」는 말할 것도 없고, 요즘 인기 있는 역사물들도 다 그런 인식의 산물이다.

역사를 늘 곁에 두고 산다는 점에서는 서양인들이 부럽다. 그리스나 이탈리아 사람들은 조상이 남긴 역사로 지금까지 먹고 산다. 어디 그들 만인가. 온 세계가 다 같이 그들 역사를 우려먹고 있다. 책으로, 관광으로, 그리고 갖가지 명목의 상품으로. 그러니 자기 역사가 얼마나 고맙고 자랑스러울까?

미국 역시 200년 남짓한 역사를 가졌을 뿐이지만, 역사를 대하는 차원이 다르다. 하찮아 보이는 것 하나에도 흥분하고 열광한다. 시골

구석구석까지 들어선 온갖 기념관들은 모두 그 결과물들이다. 애써 가르치지 않아도 저절로 알게 되고 자부심을 갖게 되는 것, 이게 그들의 역사인 것이다.

한국에서는 '역시歷試'라는 게 생겼다고 한다. 홀대받는 우리 역사에 대한 관심 회복을 목표로 국사편찬위원회가 고안해 낸 한국사 능력 시험이 그것이다. 역사고시를 줄여서 그렇게 부르는 모양인데, 전 국민을 대상으로 한 시험이라고 해서 사시司試, 행시行試 같은 국가고시에 빗대어 언론이 그런 이름을 붙여 준 모양이다.

역사 시험 한 번 본다고 해서 역사에 대한 관심이 단박에 살아나지는 않을 것이다. 그래도 이게 어디냐 싶다. 역사 하시는 분들이 이만큼이라도 머리를 맞댔다는 게 예전과는 달라 보여서다. 2006년 11월 25일에 첫 시험이 시행되었는데, 앞으로는 한 명이라도 더 응시했으면 하는 마음 간절하다. 이 시험을 통해서 한국사 지식도 넓히고, 역사라는 게 뭔지 생각해 볼 기회도 가질 수 있을 테니까 말이다.

그러고 보면 정말 이런 시험이 필요한 것은 해외에 나가 사는 동포들이 아닐까 하는 생각도 든다. 정체성이니 민족의식이니 하는 것들은 차치하고서라도 당장 우리 아이들에게 부모 나라 역사에 대해 몇 가지쯤은 얘기해 줄 수 있어야 하지 않을까 해서다.

필자의 바람대로 2008년 9월 27일에 LA, 뉴욕 등 미주 전역에서 한국사 시험이 시행되었고, 1천여 명 이상의 해외 동포들이 한국과 똑같은 역사 시험에 응시했다.

우리 역사가 부끄러우십니까?

_ 세계인이 놀라는 한국사 7장면

많은 사람들의 노력에 힘입어 마침내 한국사가 필수 과목이 됐다. 이와 관련, 먼저 기존 교과서 내용의 편향성을 바로잡고 한국사 교육에 있어서도 세계사의 맥락이 강조되어야 한다는 목소리가 나오고 있다. 그러나 현실적으로 더 급한 것은 우리 역사에 대한 일반인들의 부정적인 인식부터 바로잡는 일일 것 같다. 며칠 전 검진을 위해 들른 병원 대기실에서 만난 70대 중반쯤으로 보이는 어르신 한 분의 말씀이 귓전을 맴돈다.

"한국 사람들 도무지 질서를 몰라. 툭하면 편 갈라 싸움질이나 하고. 역사가 그 모양이니 그렇지."

무슨 일인지 심기가 많이 불편하셨던 모양이다. 그렇다고 웬 애꿎은 역사 탓일까? 이 분만이 아니다. 주변엔 이렇게 우리 역사를 못마땅하게 생각하는 사람들이 의외로 많다. 알게 모르게 우리 의식 속에 스며든 일제 식민사관의 폐해일 것이다.

어느 나라 역사든 어두운 면이 있고, 밝은 면이 있다. 역사를 너무 미화하는 것도 안 되지만, 지나치게 낮춰 보는 것도 피해야 한다. 긍정이 지나치면 국수주의로 흐르고, 부정이 과하면 자기비하에 빠지고 만다. 그래서 역사를 보는 데도 균형 있는 시각이 중요하다.

외국에서 살다 보면 간혹 자식, 손자들에게 자랑스러운 조국의 역사를 알려 주고 싶은데 무슨 이야기를 해야 할지 모르겠다는 분들이 있다. 그런 사람에게 딱 맞는 '꺼리'가 있다. '세계인이 놀라는 한국사 7장면'이 바로 그것이다. 물론 학계에서 정해 놓은 것은 아니고, 언젠가 어떤 그룹에서 그냥 내가 이야기했던 것들이다. 그렇다고 아무렇게나 지어낸 것은 아니고, 역사학자와 언론인들의 연구를 나름대로 살펴 정리한 것이니 재미삼아 한 번 들어 두어 나쁠 것도 없겠다. 간단히 요약해 보면 다음과 같다.

첫째는 신라의 삼국통일이다. 어떤 이들은 우리 민족의 영토가 한반도 안으로 국한됐다는 이유로 신라가 통일한 것을 아쉬워한다. 광활한 만주 벌판을 휘젓던 고구려를 생각해서일 것이다. 하지만 신라의 삼국통일이야말로 본격적인 민족국가의 출범이었다는 점에서 의

미가 크다. 세계 역사상 민족 분열을 이렇게 일찍 극복하고 1000년 이상 통일 국가를 유지한 민족은 세계사에 유례가 없다. 통일 후에는 당나라라는 막강한 외세를 자주적으로 내친 것은 놀라운 일이다.

둘째는 신라에서 고려로 이어진 불교문화다. 불교는 세계 4대 종교의 하나지만 본산지인 인도나 인접한 중국보다 한국에서 오히려 더 찬란한 꽃을 피웠다. 특히 현대에 이르러 축적된 불교의 이론적 성과와 자취들은 세계 어떤 나라도 따라오지 못할 정도다. 오늘날 한국의 전 국토도 따지고 보면 불교문화가 근간이 된 불교박물관이다.

셋째는 고려의 자주성이다. 고려는 거란, 몽골 등 막강한 외세의 침탈에도 민족적 자주성을 의연히 지켜냈다. 고려청자, 팔만대장경, 인쇄술 등은 그런 배경 속에서 이루어진 인류의 소중한 자산이다.

넷째는 한글 창제다. 한글의 독창성과 과학성은 IT 시대에 이르러 더욱 빛을 발하고 있다. 그러나 한글의 진정한 위대성은 '나라 말씀이 중국과 달라……' 로 시작되는 훈민정음 창제 정신에 있다. 세계 어느 나라 글이 이렇듯 '백성'을 위한 글이었단 말인가.

다섯째는 유교문화다. 유교는 중국의 사상이자 문화이고 유산이다. 하지만 이론적으로나 실천적으로나 한국만큼 유교가 제대로 적용 발전된 나라도 없었다. 인仁, 의義, 예禮, 지智를 기반으로 정립된 우리의 미풍양속은 유교 정신의 구현이었으며, 세계가 부러워하는 우리의 자랑이다.

여섯째는 기독교 부흥이다. 한국 역사에서 기독교는 단순히 종교가 아니었다. 기독교가 전해 준 자유, 평등, 도전 정신에 힘입어 한국 근대사는 한 단계 올라서게 됐다. 세계 종교사에서 유대인에 비견되는 유일한 민족이 한민족이라는 것 또한 세계인들에게는 경이로움이었다. (그런 점에서라도 지금의 한국 기독교는 초심으로 돌아가야 한다.)

그리고 마지막 일곱째는 한강의 기적이다. 대한민국은 6.25 전쟁의 폐허 위에 들불처럼 일어난 기적의 나라다. 세계가 놀라는 것이 당연하고, 충분히 자랑스러워할 만한 우리의 현대사다. 오늘날 10대 경제 강국을 일궈낸 기술력뿐만 아니라 세계를 휩쓰는 IT 기술과 한류 문화도 세계인의 마음을 녹이고 있다.

영국의 역사가 E. H. 카Carr는 역사는 과거와 현재의 끊임없는 대화라고 했다. 현재의 눈으로 과거를 해석해야 한다는 말이다. 개천절, 한글날이 들어 있는 10월은 여러모로 역사를 생각하게 하는 달이다. 이럴 때라도 한 번 우리 역사를 돌아보면 어떨까? 이왕이면 긍정의 눈으로.

그때만 생각하면

_ 원조 선진국이 된 대한민국

한국과 달리 추수감사절은 크리스마스와 함께 미국에서는 가장 큰 명절이다. 이때쯤이면 누구나 감사에 대해 한 번쯤 들어보거나 생각하게 된다. 무엇을 감사할 것인가?

생각해 보면 널렸다. 맨몸으로 왔지만 이렇게 입고 먹고 잠 잘 곳이 있으니 감사하다. 여전히 일할 수 있고, 정을 나눌 가족이 있고, 이웃과 더불어 살 수 있으니 이 또한 감사하다.

그 뿐이랴. 살아온 날들을 돌아봐도 감사할 일의 연속이다. 기적 같은 일이 있었던가? 마땅히 감사해야 일이다. 밋밋하고 평범한 일상뿐이었는가? 그렇다면 무탈한 인생이었으니 더욱 감사할 일이다.

그렇지만 다들 감사, 감사 하니까 나도 덩달아 습관적으로 감사를 내뱉고 있지나 않은지는 돌아볼 일이다. 왜? 입만 갖고 하는 감사는 감사가 아니기 때문이다. 마음으로만 하는 감사는 감사가 아니기 때문이다. 진정한 감사는 행동으로 표시되어야 한다. 부모님께 감사한가? 멀리 떨어져 있다면 전화라도 걸어야 한다. 가까이 계신다면 용돈이라도 더 건네야 한다. 그게 감사다. 땀 흘려 일할 수 있는 일터가 있어 감사한가? 더 열심히 뛰어야 한다. 주인 같은 마음으로 매달려야 한다. 그게 감사하는 사람의 태도다.

감사는 희망이다. 더 잘 살 수 있다는 희망, 더 나아질 것이라는 희망 속에서 진정한 감사가 싹튼다. 감사하는 사람은 그래서 잘 살아야 한다. 그게 의무다.

어떻게 사는 것이 잘 사는 것일까? 잘 먹고 잘 입고 떵떵거리며 사는 것만 잘 사는 게 아니다. 그것만이 잘 사는 것이라면 이 세상에서 존경받는 위인들 치고 잘 살았던 사람은 한 사람도 없다.

그렇다면 링컨도 슈바이처도, 마틴 루터 킹 목사도, 테레사 수녀도 결코 잘 살지 않았다. 그들에게 잘 산다는 것은 부자로 편하게 사는 것이 아니었다. 오히려 다른 사람이 행복해지기를 바라는 마음으로 사랑을 나누며 살았다. 받은 것에 감사하며 이웃을 향해, 세상을 향해 끊임없이 되돌려 주는 삶을 살았다. 그런 사람을 우리는 기억한다. 추앙한다. 그게 진정한 감사의 삶이요, 잘 사는 삶이라고 믿기 때문이다.

지난 2009년 11월 25일 한국은 프랑스 파리에서 열린 OECD 산하

개발원조위원회(DAC) 회의에서 23번째 정식 회원국이 되었다. 이는 국제 사회로부터 비로소 진정한 원조 선진국으로 인정받게 된 것을 의미한다.

이미 한국은 1990년대부터 원조를 받던 나라에서 유일하게 원조를 주는 나라로 변신한, 원조 공여국이 되어 있었다. 하지만 많이 부족했다. 전 월드비전 구호팀장 한비야 씨에 따르면 매월 한국인이 부담한 1인당 대외 원조금은 국민 총소득의 0.06%인 4백 원 정도였다. 한국과 소득이 비슷한 그리스의 0.17%, 포르투갈의 0.25%와 비교할 때 한참 처지는 수치다. 1위 덴마크는 무려 0.91%에 이른다. OECD 국가의 평균은 0.23%다. 이렇다 보니 한국은 그렇게 성장 발전했으면서도 여전히 인색한 나라, 감사를 모르는 나라라는 소리를 들어야 했다.

그런 한국이 달라졌다. 경제 규모에 비해 한참 모자랐던 국제 사회에 대한 도덕적 책임 기준을 뒤늦게나마 맞추게 되었다. DAC 가입의 길도 그래서 열렸다. 이런 것이 감사의 열매다.

개인도 마찬가지다. 오늘의 나는 나 혼자 잘 나서 된 게 아니다. 지금의 나를 있게 한 모든 것들, 부모, 학교, 직장 등 모든 것에 감사해야 한다. 되갚아야 한다. 받은 만큼, 아니 그 이상 돌려 줄 수 있어야 한다. 있으면 있는 대로 없으면 없는 대로 무엇이든 나누어야 한다. 그게 감사다. 그게 잘 사는 삶이다.

감사의 계절이다. 어려움 가운데서도 감사를 실천하는 사람들의 이야기가 여기저기서 들려온다. 세상은 그래서 여전히 따뜻하고 살만한 곳이다.

함부로 전쟁을 이야기하지 말라

_ 연평도 포격, 그 이후

"이러다가 정말 전쟁이 일어나는 게 아닐까?" 한국 국민들은 불안하다. "정말로 이민 보따리를 싸야 하나?" 근심어린 소리도 들린다. 마음이 무겁기는 해외에 있는 동포들도 마찬가지다. 두고 온 부모 형제가 걸리고, 걸쳐 놓은 일들이 걱정이다. 한동안 들먹여지던 역이민 이야기도 쑥 들어갔다.

전쟁은 딴 나라 얘기인줄 알았다. 6.25의 포성이 멈추고 60년 가까운 세월이 흐르면서 남북 간의 대치와 긴장은 무감각한 일상이 되었다. 사람들은 어느새 위장된 평화에 익숙해져 있었다. 천안함 폭침에 이은 북한의 연평도 포격은 그 모든 것을 흔들어 놓았다. 이제 사람들은 훨씬 구체적으로 전쟁을 인지하기 시작했다.

"언제까지 얻어맞기만 할 것인가?" "강력히 응징하자!" "본때를 보여야 한다." 일전불사, 규탄의 목소리가 하늘을 찌른다. "국민이 사 준 최신예 F15 전투기가 울고 있다." "3일만 참아 주면 승리는 우리 것이다!" 아예 드러내놓고 전쟁을 부추기는 소리도 들린다. 하지만 전쟁이 그렇게 쉽게 떠벌일 일인가.

우리의 전력이 압도적으로 높다고? 그럴지도 모른다. 하지만 북한은? 60년을 전시 동원 체제로 다져온 그들이다. 미사일을 개발하고, 핵무기로 무장했다는 게 괜한 소리는 아닐 것이다. 거기다 우리는 가진 게 많지만 그들은 더 이상 잃을 것도 없다. 서울은 전투기로 몇 분이면 닿는다. 그들의 직접 사정거리이기도 하다. 피땀 흘려 쌓은 경제부흥이 한 순간에 무너질지도 모른다. 금융 서버, 공항, 항만, 교통 등의 기간 시설 피해는 또 어찌한단 말인가. 3일이면 승리는 우리 것일 수 있지만, 3일이면 우리의 모든 것 또한 한 줌의 재가 될 수 있다.

국방장관도 말했지만 전쟁은 온라인 게임이 아니다. 살이 찢기고 뼈가 부서지고 피가 튀는 삶과 죽음의 문제다. 우리의 아들, 형제, 친구들이 목숨을 내놓고 감당해야 할 참혹한 현실이다. 과거처럼 영토를 넓히고, 이긴 자가 모든 것을 다 갖는 승자독식의 전쟁은 더 이상 없다. 현대전은 이기고 지는 것조차 모호하다. 미국이 베트남에서 어떠했던가! 이라크에선? 또 아프가니스탄에선?

전쟁이 나면 내심 환호할 나라는 따로 있다. 한국의 경쟁 상대인 일본과 중국, 대만과 유럽이다. 따져보면 미국도 나쁠 것은 없다. 전쟁이 불황을 이겨내는 절호의 기회라는 것은 세계가 이미 경험했다. 미국은 2차 세계대전으로 대공황에서 완전히 벗어났다. 일본은 6.25 전쟁 3년간의 전쟁 특수로 전후 복구와 부흥의 길을 열었다. 당시 일본의 1,000여 개 군수공장에서 미군에게 공급한 군수품이 25억 달러어치나 되었다고 한다. 그들이 어떻게 그 맛을 잊겠는가?

손자병법의 36계 중 제 4계는 '이일대로以逸待勞'다. 일逸은 여유, 로勞는 피로한 상태를 말한다. 제대로 이기기 위해서는 여유를 가지고 상대가 지치기를 기다리라는 말이다. 그러나 무작정 기다리기만 하라는 말이 아니다. 먼저 적에게 공격의 틈을 주지 않을 만큼 압도적인 전력을 갖추고 난 다음에 적이 피로해지도록 기다려야 한다는 말이다. 딱 우리 얘기다. 북한은 정치, 경제, 사회 어느 한 군데 정상인 나라가 아니다. 적어도 우리 눈에는 그렇다. 그냥 내버려 두어도 고립되어 흔들릴 수밖에 없는 나라다. 시간은 우리 편이다. 조금만 더 인내한다면 제 풀에 넘어갈 확률이 농후하다.

병법에서 상책 중의 상책은 싸우지 않고 이기는 것이라 했다. 당장 자존심이 구겨지고 마음에 상처는 입었지만, 결국은 우리가 이긴다는 자신감으로 기다려야 한다. 더 이상 범접하지 못할 정도로 내부의 힘을 더 키워야 한다.

지금은 함부로 전쟁을 말할 때가 아니다. 분노하되 냉정해야 하고, 규탄하되 이성은 잃지 말아야 한다. 내가 당장 총을 들고 나설 것이 아니라면 더욱 그렇다.

화해하라, 시간이 없다

_ 6.25 한국전쟁의 의미를 되새기며

2010년에 6.25 60주년을 맞아 「미주중앙일보」가 주최한 수필 공모전 응모작을 살펴볼 기회가 있었다. 응모작 중에는 의외로 나이 70세를 넘긴 분들의 글이 많았다. 컴퓨터 시대답지 않게 한 자 한 자 볼펜으로 꾹꾹 눌러 쓴 글 속에는 60년 세월에도 아물지 못한 상처들이 시퍼렇게 살아 있었다. 구절마다 울분과 분노, 회한이 넘쳐 났고, 아직도 '끝나지 않은 전쟁'에 대한 고통과 원망도 배어 있었다.

그들의 기억처럼 6.25는 대한민국의 가장 아픈 현대사였다. 1,127일의 전쟁 기간 동안 국군 전사자는 137,889명이었고, 미군 전사자도

36,940명이나 되었다. 민간인 사망자와 실종자는 남북한을 합쳐 250만 명에 달했다. 그러나 우리 사회 어느 한 곳 영향을 끼치지 않은 곳이 없었음에도 6.25는 갈수록 '잊힌 전쟁'이 되고 있다. 이념, 안보 등 민감한 사안들 때문에 전쟁이 얼마나 참혹했고, 어떤 결과를 초래했는지에 대한 교육은 제대로 이루어지지 못했다. 한국 초등학생의 35.1%가 6.25를 남한이 일으킨 것으로, 50.7%는 조선시대 사건으로 인식하고 있다는 조사는 그래서 충격적이다 못해 비감하기까지 하다.

6.25를 바라보는 시각 역시 달라지고 있다. 보수 따로 진보 따로 전쟁을 바라보고 해석하기 시작한 것이다. 그러나 아무리 세상이 바뀌어도 분명한 것은 있다. 역사가 그랬던 것처럼 남과 북이 결국에는 하나가 되어야 한다는 사실이다. 한반도에 평화가 안착되어야 하고, 분단의 고통이 더 이상 재생산되지는 말아야 한다는 사실이다.

그런데도 남북의 대치와 반목은 주기적으로 반복되고 있다. 평화정착은커녕 통일의 비전조차 도출해 내지 못한 채 양측 모두 불신과 증오의 쳇바퀴만 굴려온 게 어언 60년이다.

미국도 남과 북이 갈라져 피비린내 나게 싸운 적이 있었다. 하지만 그들은 다시 통합했다. 남북전쟁의 최대 격전지였던 게티스버그에서 1913년 6월 25일에 열린 캠핑 행사는 그런 화합의 상징이었다. 7만여 명의 사상자를 낸 게티스버그 전투 50주년을 기념하는 그 자리에는 남군과 북군 출신 5만여 명의 참전 노병들이 모였다. 280에이커의 벌판에는 8인용 텐트 7천여 개가 쳐졌고, 173개의 야전식당도 마련됐다. 혹시 있을지도 모를 충돌에 대비해 기병대 병력이 캠핑장 외곽을 지키기도 했다.

그러나 아무런 불상사도 일어나지 않았다. 오히려 서로 총을 겨누었던 노병들은 함께 음식을 나누며 옛날을 얘기하고, 먼저 간 서로의 동료들을 위해 눈물을 흘렸다. 그 과정에서 그들은 남과 북은 적이 아니라 함께 손을 잡은 형제임을 확인했다. 미국 역사는 그날을 '1913년의 대화합(the Great Reunion of 1913)'으로 기록하고 있다. 그러한 화합을 바탕으로 미국은 세계 최강의 번영국이 될 수 있었다.

비극과 고통은 그 크기에 비례하는 만큼의 눈물과 노력 없이는 극복되지 않는다고 했다. 그렇게 본다면 우리의 6.25 세대는 이미 흘릴 만큼 눈물도 흘렸다. 한국 정부 역시 지난 10년간 할 만큼 노력도 했다. 그야말로 추수할 일만 남은 것이다. 그렇지만 손뼉도 마주쳐야 소리가 난다. 아무리 눈물을 흘리고 화해의 몸짓을 보낸들 상대가 귀와 눈을 막고 있으면 소용이 없다. 그러기에 내미는 손마저도 잡지 못하는 북한의 어리석음이 안타깝고, 측은하고, 화가 치미는 것이다.

전쟁을 경험한 사람도 갈수록 줄어들고 있다. 더 이상 시간이 없다. 전쟁 세대들이 분노와 아픔을 그대로 간직한 채 세상을 떠나게 하는 것은 너무 잔인한 일이다. 남과 북이 다시 화해를 생각해야 하는 또 하나의 이유다.

노무현은 한국의 오바마였다

_ 기득권 타파에 맞서 싸운 외로운 대통령

나는 개인적으로 노무현 대통령이 싫지 않았다. 그의 소박함과 소탈함이 좋았다. 가방끈 긴 사람들처럼 에둘러 말하지 않는 것이 좋았다. 그의 깨끗함도 좋았고, 굽히지 않는 소신도 좋았다.

어떻게 생각하면 인간 노무현은 한국의 오바마였다. 그는 힘없고 빽 없는 비주류요 소수계였다. 그가 대통령이 된 것은 '흑인' 오바마가 미국 대통령에 당선된 것 이상으로 기적이었다. 그를 대통령으로 뽑은 한국인은 위대했다. 그러나 거기까지였다. 국민들은 진정으로 받아들이지 못했고, 지지자들조차 그를 지켜 주지 못했다. 그런 점에서 우리는 '어른'을 가질 기회를 또 다시 잃어버리고 만 것이다.

나는 노무현 대통령의 가장 큰 업적은 권위의 청산이었다고 생각한다. 대통령으로서 누릴 수 있는 것부터 먼저 포기했다. 대한민국의 고질적인 기득권들을 타파하고, 수정하고 없애려 했다. 하지만 기성의 세상은 그것을 용납하지 못했다.

권위는 세상의 공기를 억누르는 구질서다. 누구나 타파해야 한다고들 말한다. 하지만 사람들은 거기에 기대어 편안함을 누린다. 그렇기 때문에 대통령 노무현의 일거수일투족은 신선하면서도 위태롭고 불편했던 것이다. 언론이 그랬고, 기업이 그랬고, 힘 있는 기관들이 모두 그렇게 느꼈다. 심지어 그를 뽑은 국민들조차도 견디지 못했다. 그의 5년 임기 내내 그를 끌어내리지 못해 온 국민이 안달했던 이유도 거기에 있었다고 본다.

그는 퇴임 후 오히려 신망과 인기를 새롭게 얻었다. 고향으로 돌아간 첫 대통령으로서, 그리고 인터넷과 직접 대면으로 새로운 소통의 정치를 실험하고 있었다. 하지만 '기성의 권력'은 그마저도 불편했던 것 같다. 쇠고기 파동, 촛불 집회를 통해 이미 노무현이라는 존재 자체가 부담스런 현실이라는 것을 확인했기 때문이다. 수천억, 수백억씩 챙기고도 멀쩡한 과거 권력들에 비하면 대통령이 저지른 범죄로 부르기에는 참으로 민망한 수준의 '푼돈'을 그렇게까지 까발려 대는 이유도 거기에 있었다고 생각한다.

노 전 대통령은 생전에 참 많은 말을 했었다. 소신 있는 발언으로 칭송도 받았지만, 또 그만큼 많은 사람을 불편하게도 했었다. 그러나 죽음 앞에서 그는 뜻밖에도 말을 아꼈다. 할 말이 정말 많았을 터인데도 원망하지 말라, 작은 비석 하나 남기라는 것 정도뿐이었다. 평소의 그 답지 않은 말의 절제였지만, 그 속에는 자신의 죽음이 또 다른 갈등의 불씨가 되기를 바라지 않는다는 깊은 당부의 뜻이 담겼다고 믿고 싶다.

결국 그는 갔다. 깨끗함과 소신 하나로 평생을 버텨 왔던 그가 그동안 받았을 압박과 스트레스를 생각하면 숙연해지지 않을 수 없다. 분노와 좌절, 억울함과 무력감, 수치심과 적개심, 그리고 마지막으로 포기와 용서의 감정이 교차하는 가운데 그는 몸을 던졌을 것이다.

계란으로 바위치기란 그를 두고 한 말이었을까? 그가 마지막 몸을 던진 곳도 봉화산 뒤편 커다란 암벽 언덕이었다. 노무현의 좌절과 죽음 앞에 개혁 군주 정조의 좌절과 죽음이 오버랩 되는 아침이다. 고인의 명복을 빈다.

3부
/
〈 사람이 희망이다 〉

한국 교회와 시대정신

_ 좁은 문, 좁은 길을 선택한 문익환 목사

'밥퍼' 목사로 유명한 한국의 최일도 목사가 다일교회 담임목사 자리에서 물러났을 때, 화제가 됐었다. 65세 정년을 11년이나 앞당긴 것인데다 교회로부터 받은 4억 원의 퇴직금을 장학금으로 써 달라며 전액 반납했기 때문이다.

노숙자와 행려병자들을 향한 나눔 실천 한 가지로 20년을 달려온 분이라는 것 외에 나는 그를 구체적으로 알지 못한다. 그러나 앞으로 사회적 약자와 소수자들의 인권을 위해, 또 계층 간의 갈등을 푸는 일에 진력하겠다는 그의 퇴임의 변을 읽으면서 한국 기독교의 또 다른 희망을 보았다.

사실 요즘은 '위기의 한국 교회'라는 말들을 참 많이 한다. 기독교를 바라보는 세상의 시선이 얼마나 냉랭한지도 아는 사람은 다 안다. 교회는 여전히 수많은 자선을 베풀고 있지만, 돌아오는 것은 칭찬보다 흉이 더 많다. 왜 일까?

돌아보면 한국 기독교의 지난 100년은 실로 위대했다. 모든 인간은 하나님 앞에서 평등하고 소중한 존재라는 메시지로 백성들의 잠든 의식을 일깨웠다. 방방곡곡에 학교를 세워 인재를 길러 냈다. 1909년까지 장로교회가 세운 학교는 719곳, 감리교회가 세운 학교는 200곳이나 되었다. 수많은 병원을 세워 고통 받는 사람들도 치료해 주었다. 여성, 민권, 환경 등 다른 여러 분야에서도 교회가 세상을 이끌고, 변화시켜 온 것은 열거할 수 없을 정도다. 한국 교회가 소수이면서도 그렇게 선한 영향력을 가질 수 있었던 것은 매 시기마다 시대적 소명을 뚜렷이 자각했기 때문이라고 생각한다.

일제 강점기의 시대정신은 민족 독립이었다. 산업화 시대엔 평등이요 인권이었으며, 궁극적으로 민주화였다. 그리고 분단 극복이요 통일 염원이었다. 크리스천이라면 누구나 이를 위해 기도했고, 행동했고, 그렇지 못한 사람도 마음의 빚만은 적어도 느끼고 있었다. 나와 내 가족이 잘 되고, 예수 믿고 구원받아 천국만 가면 된다는 신앙과는 차원이 달랐다.

그러나 지금 교회는 세상 앞에 말할 수 없이 무력해 보인다. 독선과 아집과 맹목적 배타성을 그 원인으로 진단하는 이들이 많다. 교회 자체가 권력이 되고, 권위주의가 팽배하면서 급격히 보수화된 탓이라고 지적하는 이들도 있다. 그것뿐일까?

김형수가 쓴 『문익환 평전』(실천문학사 발행)은 신학자로서, 목회자로서, 그리고 시인이자 번역가로서 불꽃처럼 살다 간 늦봄 문익환 목사의 일대기다. 2004년에 첫 출간된 이래 무수한 젊은이들로 하여금 시대의 아픔에 눈감지 않겠다고, 비겁하고 시시한 그리스도인이 되지 않겠다고 다짐하게 만든 책이기도 하다. 이 책을 보면 요즘 한국 교회의 문제도 결국은 양적 팽창에만 매달린 나머지 마땅히 지켜야 할 영성과 시대적 소명을 잃어버린 데에 기인한다는 결론에 이르지 않을 수 없게 만든다.

일제와 분단, 독재에 맞서며 여섯 번이나 옥살이를 했던 문익환 목사다. 보수 교단의 인색한 평가에도 불구하고 그는 기독 지성인의 용기와 결단이 어떤 것인지를 행동으로 보여준 사람이었다. 크리스천의 시대적 소명을 깨닫고 철저히 좁은 길로 걸어간 사람이었다. 진정한 평등 세상을 꿈꿨던 마틴 루터 킹 목사가 그랬던 것처럼, 불의의 히틀러에 분연히 맞섰던 디트리히 본회퍼 목사가 그랬던 것처럼…….

요 며칠 평전을 읽으면서 그가 몹시 그리워졌다. 늘 그들만의 잔치에 바쁜 이 시대 교회들을 향해, 또 이민 사회를 향해 우리가 진정으로 추구해야 할 시대정신이 무엇인지 일갈해 줄 수 있는 큰 어른 한 분이라도 있었으면 하는 갈증 때문이었다. 그래서일까? 최일도 목사의 내려놓음이 한껏 신선하면서도 '그런 것 정도'가 뉴스가 되는 요즘 교회의 모습이 더욱 답답하게 느껴진다.

지성과 영성보다 더 중요한 것

_ 70대에 회심한 이어령 교수

기회가 되어 다양한 종교를 가진 분들이 참여하는 종교사 강좌를 들었을 때였다. 대학 동문 선배 목사가 이끄는 8주 코스의 강좌로서 기독교가 어디서 어떻게 시작되었고, 어떤 역사적 과정을 거쳐 지금에 이르렀는지를 알아보는 공부였다. 강좌를 듣기로 결정한 이유는 종교에 대해 이성적으로 생각하고 판단할 수 있는 배경 지식을 좀 더 채워 보자는 것이었다. 지식과 신앙은 별개라 하지만 아직은 지식에 더 목마르고, 영성보다 지성을 다듬는 데 여전히 더 매력을 느껴서이기도 했다.

그런 점에서 이어령 전 문화부장관이 지은 『지성에서 영성으로』라는 책도 내겐 많은 도전이 되었다. 책의 저자는 문학박사, 교수, 장관 등 다채로운 이력을 지닌 지독한 무신론자였다. 그러다 70을 훌쩍 넘긴 나이에 갑자기 세례를 받고 크리스천이 되었다. 한국의 대표적 지성이라 일컬어지던 그의 회심回心은 누구도 예상하지 못한 일이었고, 그만큼 많은 사람들에 회자됐다. 이 책은 '나는 왜 기독교인이 되었는가?' 라는 것을 밝힌 바로 그때의 강연, 기사, 일기 등을 모아놓은 것이다.

이어령은 책에서 영성이란 지성을 버리는 게 아니라 지성을 넘어서야 가능하다고 강조한다. '지성' 이라는 사다리를 탈 때 더 깊은 영성의 세계로 들어갈 수 있다는 것이다. 그의 주장을 되풀이하지 않더라도 지성과 영성은 대립 개념이 아니라는 것을 우리는 안다. 지성과 이성 없이 영성만 추구하면 도에 넘치는 열광적이고 근본주의적인 종교가 된다는 것도 수없이 봐 왔다.

알다시피 영성이란 육적인 것, 세속적인 것 등과 대비되는 개념이다. 영성이 높다거나 맑다는 것은 정화되고 고양된 정신세계를 가지고 있다는 말이다. 기독교적으로 말한다면 삶의 중심을 하나님에 두고, 하나님의 뜻 가운데 좀 더 가까이 다가가 있다는 말이 될 것이다.

영성의 또 다른 속성은 변혁이다. 영성이 높다는 것은 나태함과 안일함과 익숙함에 맞서려는 힘이 내 안에 넘친다는 말이다. 이전의 나를 대신할 새로운 나를 찾아 끊임없이 나아가려는 에너지가 약동한다는 말이기도 하다. 어떤 종교를 가졌든 차원 높은 영성의 세계를 갈구하며 기도나 묵상, 명상과 참선 수행에 몰입하는 것도 결국은 그런 에너지를 얻고자 함일 것이다.

그러나 '영성'이라는 말이 유행처럼 번지고, 영성을 일깨우기 위한 각종 수련 프로그램이 범람하고 있지만 세상은 별로 달라지는 것 같지가 않다. 오히려 종교는 더 세속화되고, 사람들의 정신세계는 더 피폐해지고 있음은 정말 아이러니다. 왜일까?

아마도 영성 수련에 기울이는 노력만큼 인성에는 관심을 덜 기울여서 그럴지도 모른다는 생각을 해 본다. 사실 참 신앙인의 모습은 지성도 아니고 영성도 아닌 인성에 비례하는 경우가 많다. 긍휼과 배려, 친절과 온유, 인내와 겸손, 감사와 너그러움 같은 인간성이 먼저 바탕이 되지 않고서는 어떤 지성도, 어떤 영성도 공허할 따름이다.

20~30대 젊은 시절 사상과 이념으로 곧잘 사람을 따지던 때가 있었다. 좀 더 나이를 먹고 나서는 경제력과 사회적 지위로 평가하기도 했었다. 그러나 또 세월을 더 겪고 나니 그게 다가 아니라는 것을 비로소 알게 됐다.

결론은 인간성인 것 같다. 아마 이어령이 거듭 강조한 차원 높은 영성이란 것도 결국은 그런 인간됨의 다른 말일 것이다. 책에서 그가 했던 다음 말은 그래서 두고두고 곱씹게 된다.

> "크리스천이라 해도 사실상 크리스천이 아닌 사람도 있고, 크리스천이 아니라고 하면서도 크리스천인 사람이 있다."

매달 60만 불을 벌어야 하는 이유

_ 실리콘밸리 벤처사업가 이종문 회장

한인 여행사를 통해 패키지여행을 다녀왔다. 2박 3일 일정으로 샌프란시스코, 레드우드 주립공원을 돌아보는 코스였다. 다른 곳을 여행할 때도 느끼는 것이지만, 미국은 땅덩어리가 워낙 넓다 보니 여행을 다녀와도 주야장천 차만 타고 달렸다는 기억만 남을 때가 많다.

이번 여행도 다르지 않았다. 가도 가도 똑같은 풍경의 여행길, 그나마 지루함을 달래 준 것은 가이드의 구수한 입담이었다. 그중의 하나가 암벡스 벤처그룹 이종문 회장의 이야기였다. 샌프란시스코 한복판에 그의 이름을 딴 박물관이 자랑스럽게 서 있다는 것인데 스토리는 이렇다.

한국 굴지의 제약 회사인 종근당 창립자의 동생이기도 한 그는 1970년 도미 후 1982년 실리콘밸리에 '다이아몬드 멀티미디어시스템'이라는 컴퓨터 그래픽카드 회사를 세운다. 55세에 청년 벤처 신화를 일군 것이다. IBM과 애플컴퓨터의 호환 시스템을 개발한 이 회사는 1993년에 실리콘밸리 내 고속 성장 기업 8위에 오를 만큼 주목을 받는다. 이후 이 회장은 회사를 나스닥에 상장시켜 직원들에게 나눠주고 자신은 다시 벤처캐피털을 설립해 또 다른 도전을 시작한다. 그의 나이 69세 때였다.

그런 과정에서 1999년에 샌프란시스코 아시아박물관 내 한국관이 예산 부족으로 문을 닫게 되었다는 소식을 듣는다. 이 회장은 1,500만 달러를 기부했고, 그의 행동은 전 시민이 참여한 '박물관 살리기 운동'의 도화선이 되었다. 결국 샌프란시스코 시는 아시안 박물관을 새로 건립했고, 이 회장의 이름을 따서 '종문 리 아시아예술문화센터'로 명명했다. 아시아계 이민자의 이름을 딴 대도시 박물관으로는 처음이었다.

이쯤 듣고 나면 모두가 가슴 뿌듯해 한다. 이종문 회장은 2004년에 한국과학기술원KAIST에도 200만 달러를 기부했었다. 학생들의 기업가 정신 함양을 위한 경영 교육에 사용해 달라는 취지였다. 가이드의 이야기는 여기서 끝나지 않는다.

어느 강연회에서 누군가가 이종문 회장에게 물었다.

"회장님은 한 달에 얼마나 버십니까?"

그러자 이렇게 대답했다고 한다.

"얼마를 버는지는 저도 잘 모릅니다. 그러나 매달 60만 달러는 꼭 벌어야 합니다. 매달 기부하기로 한 돈이 이곳저곳 합해서 60만 달러는 되기 때문입니다."

이 대화의 사실 여부는 중요하지 않다. 그만큼 이 회장이 많은 곳에 기부를 한다는 말일 터이니. 어쨌든 한인 사업가의 통 큰 기부 이야기는 수많은 한인들의 자긍심을 한껏 살려 놓는다. 그리고 언젠가 나도 돈을 벌면 그처럼 무엇인가 뜻 있는 일을 해보겠다는 다짐도 하게 만든다. 하지만 안타깝게도 그런 날은 아무에게나 쉽게 오지 않는다는 것이 문제다.

그렇다고 낙담은 말자. 형편과 분수에 맞게 기쁜 마음으로 할 수만 있다면 아무리 작은 기부라도 행복을 맛볼 수 있기 때문이다. 행복의 가장 큰 비결은 비교하지 않는 것이라고 했다. 자선과 봉사에서도 마찬가지다. 얼굴도 모르는 먼 나라의 누군가를 위해 몇 백 달러를 기부하는 것도 의미가 크지만, 가까운 사람들에게 베푸는 작은 호의 또한 귀하고 소중하다. 주변 사람들에게 커피 한 잔, 밥 한 끼 사는 것, 나를 위해 수고한 사람에게 팁 1달러라도 더 건네는 행동이야말로 세상을 훈훈하게 만드는 윤활유다. 최소의 비용으로 최대의 효과를 볼 수 있는 확실한 자선이요 기부인 것이다.

돈은 그 자체가 주는 행복보다 벌기까지의 과정 혹은 벌고 난 후에 제대로 쓸 줄 아는 데서 느끼는 행복감이 훨씬 더 크다고 한다. 이종문 회장 같은 분은 그런 비밀을 일찌감치 터득한 사람이었을 것이다. 그렇지만 매달 60만 달러를 기부하는 사람이나 그 만분의 1인 60달러를 남을 위해 쓰는 사람이나 느끼는 행복감은 별반 다르지 않다고 한다.

이것이 사실이라면 우리 같은 보통 사람들에겐 얼마나 큰 위안이자 축복인가. 그래서 신은 공평하시다 하는가 보다.

몇 번이나 죽으려고 했습니다

_ 동아출판사 창업주 김상문 회장

신문 한 귀퉁이에서 만난 짧은 부음 기사에서 한참 동안 눈을 떼지 못했다. 동아출판사 창업주 김상문 전 회장의 별세 소식이었다.

26년 전 막 두산그룹에 인수된 동아출판사에서 1년여 일할 때가 생각났다. 1986년, 대학 졸업 후 두산그룹에 입사하여 처음 배치 받아 다닌 직장이었다. 회사의 주인이 바뀐 지 1년이 지났지만, 옛날 직원들은 한국 최대 출판사의 몰락을 여전히 받아들이지 못하고 있었다. 점령군처럼 들이닥친 새 사람들과도 물과 기름처럼 섞이지 못해 서걱거렸다. 그때 내가 회사 내에서 가장 많이 들었던 이름이 '김상문'이었다. 그만큼 그가 남긴 그늘이 짙었다.

지금 40~50대라면 누구나 동아전과, 동아수련장을 기억할 것이다. 교학사의 '필승' 시리즈와 함께 중학생 참고서 시장을 양분했던 '완전정복' 시리즈 역시 동아출판사의 것이었다. 김상문 회장은 그렇게 1970~1980년대 학습 참고서 시장의 황제로 군림했다.

그가 처음 출판업을 시작한 것은 26세 때인 1941년이었고, 동아출판사는 1945년에 설립했다. 이후 『신생국어독본』을 시작으로 각종 사전, 교과서, 참고서 등을 잇달아 펴내며 한국 최대 출판사로 성장시켰다.

그러나 김 회장이 정말 남달랐던 것은 특유의 고집과 추진력이었다. '문화 선진국이 되려면 우리도 영국의 브리태니커 같은 한국을 대표할 만한 백과사전 하나는 있어야 한다' 는 평소의 신념을 행동으로 옮긴 것만 봐도 그렇다.

주위에서는 한결같이 말렸다. 그럼에도 그는 참고서로 번 돈을 모조리 백과사전 편찬에 쏟아 부었다. 1978년에 착수한 편찬 작업은 기간도 돈도 계획보다 몇 배가 더 들어갔다. 그래도 포기하지 않았다. 한국 백과사전의 신기원을 연 『동아원색 세계대백과사전』 30권은 그렇게 완성됐다. 그때가 1984년이었다.

그러나 세상은 고가의 고급 백과사전을 받아들일 준비가 되어 있지 못했다. 때맞춰 쏟아져 나온 덤핑 짝퉁 백과사전들까지 시장을 어지럽혔다. 판매는 부진했고, 급기야 회사는 새 주인을 찾아야 했다. 필생의 사업이 오히려 김 회장을 사지로 내 몬 것이다. 훗날 어느 인터뷰에서 김상문 회장은 그때를 이렇게 회상했다.

> "몇 번이나 죽으려고 했습니다. 어렵게 구한 독약(비상)을 복주머니에 넣고 다녔죠. 그런데 죽는 게 생각처럼 쉽지 않더라고요. 멀리 가서 죽으려고 고속버스를 탔는데, 누가 그 복주머니를 소매치기해 간 거예요. 하나님이 죽지 말라고 하시는구나 싶었죠. 그래서 죽을 각오로 다시 도전해 보자 생각했어요."

당시 그의 나이 일흔 살이었다. 마음을 고쳐먹으니 다른 길이 보였다. 놓았던 출판 일도 다시 시작했다. 그보다는 건강 전도사로, 강연자로 더 왕성하게 뛰었다. 2001년에는 서울대 의대에 사후 시신 기증을 약속했고, 90세 때는 『100살 자신 있다』라는 건강서까지 펴냈다.

김상문 회장은 100살에서 4년 모자란 96세로 세상을 마쳤다. 일찍이 남긴 유언에서 관 속에 동아백과사전을 넣어 달라고까지 했다니 그의 회한이 어떠했을지 짐작이 간다. 하지만 마지막까지 그 유언을 고집했는지는 알 수가 없다.

삶에 있어 정말 중요한 것은 부와 명예, 경쟁과 성취가 아니라 건강과 화목이라는 것을 그는 커다란 실패 후에 뒤늦게 깨우쳤다. 그리고 70세 이후 26년을 전혀 새로운 인생으로 살았다. 그런 점에서 그는 출판인으로서 못 다 이룬 꿈에는 더 이상 미련을 두지 않고 홀가분하게 떠나지 않았을까 싶다.

김상문 회장의 집념이 낳은 동아백과사전은 1996년에 이름을 바꿔

『두산세계대백과사전』으로 다시 출간되었다. 그리고 지금 인터넷에서 수많은 사람들이 공짜로 찾아보고 있는 네이버 사전도 바로 그 백과사전이다. 이것만으로도 그는 너무나 값진 선물을 우리에게 남겼다. 그리고 그가 보여준 만년의 '낭만 인생' 또한 충분히 멋졌다.

진정성의 힘

_ 탤런트 차인표, 국민의 마음을 흔들다

차인표라는 배우, 솔직히 별로였다. 이목구비 뚜렷한 도회풍의 외모부터 정이 가지 않았다. 왠지 오버하는 듯한 연기도 거슬렸다. 그런데도 10년 넘게 꾸준히 인기를 얻고 있다는 것이 신기했다.

좋은 일 많이 하는 배우라는 얘기는 들었다. 두 아이를 공개 입양해 키우고, 국제 어린이 구호단체 컴패션Compassion에서 열심히 활동하고 있다는 것 등이 그것이다. 탈북자를 소재로 한 영화 「크로싱」에 출연한 이후 최근에는 중국의 탈북자 강제 송환 반대 캠페인에 힘을 쏟고 있다는 소식도 들었다. 하지만 그런 활동도 실은 독실한 크리스천 아내 신애라 때문일 것이라고만 생각했다.

그런데 그게 아니었다. 그에 대한 인상이 완전히 바뀌었다. SBS TV 연예 프로그램 「힐링캠프, 기쁘지 아니한가」에 출연한 그를 보고 나서다. 방송에서 그는 살아온 내력과 지금 하고 있는 활동, 사람들에게 하고 싶은 말들을 거침없이 감동적으로 쏟아 놓았다. 그리고 세상을 품는다는 것이 어떤 것인지를 오롯이 보여주었다.

그의 삶이 처음부터 특별한 것은 아니었다. 그 역시 우리처럼 똑같이 먹고 사는 일에 고민하던 보통 사람이었다. '어쩌다가' 탤런트가 되었고, '어쩌다 보니' 유명인이 되었다. 그러나 2006년 이후 완전히 사람이 달라졌다. '컴패션' 홍보대사였던 아내 대신 가게 된 인도의 오지 마을에서 그곳 아이들의 손을 직접 잡아 본 것이 결정적인 계기였다. 눈시울을 붉혀 가며 풀어내는 그의 말에는 어떤 가식도 허영도 없었다.

> "전에는 죄를 안 짓는 게 아니라 짓고도 잘 숨기던 사람이었다. 하지만 2006년 이후 가치관이 바뀌었다. 그때부터 유흥업소에 한 번도 안 갔다. 한 달에 45,000원으로 아프리카 어린이를 교육시키면 그 아이가 가정과 사회를 변화시킨다. 그것을 알면서 큰돈을 그렇게 쓸 수가 없었다."

그는 또 이런 말도 했다.

"한때 주식 투자를 했다. 정보를 교환하다 보니 주변에 돈 이야기 하는 사람들만 가득했다. 행복하지 않았다. 그러나 봉사하고 남 돕는 일을 했더니 그때부터 주변이 그런 사람들로만 채워졌다. 기뻐하고 즐거워하는 사람들과 함께하는 지금이 그때보다 100배는 더 행복하다."

방송에서 차인표는 한 번도 하나님을 이야기하지 않았다. 하지만 그는 마치 부흥사 같았다. 그의 말 한 마디 한 마디는 모두가 절절한 간증이었다. 진행자 이경규와 김제동이 끊임없이 세상 화제로 말머리를 돌리려 했지만, 그는 흔들리지 않았다. 오히려 더 거침이 없었다.

"행복해지고 싶다면 나누세요. 사랑하세요. 지금 당장 실천해 보세요."

그의 이야기를 듣는 내내 부끄러웠다. 나도 마음으로는 '나눌 수 없는 상황에서도 나누겠습니다, 사랑할 수 없는 상황에서도 사랑하겠습니다' 라며 곧잘 다짐하곤 했었다. 입으로는 '용서할 수 없는 상황에서도 용서하겠습니다, 감사할 수 없는 상황에서도 감사하겠습니다' 라며 노상 되뇌던 나였다. 그렇지만 정작 나눌 수 있는 기회가 주어졌을 때는 늘 머뭇거리고 주저했던 것이 또한 내 모습이었다.

나만 그랬던 게 아니었나 보다. 방송이 나간 후 한국은 온통 난리였다. 인터넷에는 격려와 성원, 공감과 반성의 댓글들이 폭주했다. 행동으로도 이어졌다. 한국 컴패션은 차인표 방송이 나간 후 며칠 만에

6,500여 명이 제 3세계 어린이 돕기 결연을 맺었다고 했다. 연간 결연자 수가 대략 1만여 명임을 감안하면 차인표는 단 한 번의 방송 출연으로 엄청난 일을 해낸 것이다. 아마 기독교인들은 이런 것을 두고 '성령의 역사役事' 라고 말할 것이다.

방송을 본 다음 날이었다. 우리 가족도 무엇인가에 이끌린 듯 컴패션 홈페이지를 뒤졌다. 그리고 태국 오지의 한 소수민족 어린이를 찾아 결연을 맺었다.

나이보다 10년 더 젊게 사는 법

_ 영원한 오빠 주철환 PD

중년이 넘어가면 누구나 네 개의 공을 갖게 된다고 한다. 유리공 세 개와 고무공 하나가 그것이다. 유리공 세 개는 우정, 건강, 신용을 말한다. 이것들은 유리공처럼 떨어뜨리는 순간 깨지고 만다. 회복 불가능이다. 한 개의 고무공은 사업이다. 한 번 떨어뜨려도 깨지지 않는다. 엉뚱한 방향으로 튀어 오르기도 하지만 방향을 잘 살펴 다시 붙잡으면 된다.

'100세 시대' 라고들 한다. 모두가 우정, 건강, 신용이라는 세 개의 유리공에 관심이 많아졌다. 하지만 이것들 못지않게 관심을 기울이는 것이 있다. 나이보다 젊어 보이는 것, 10년쯤 젊어 보이는 것이 50, 60세가 넘어 가면 누구나 바라는 꿈이 된 것이다. 이와 관련해 참고가 될 만한 이야기를 들었다. 최근 미국을 방문한 방송인 주철환으로부터다.

그는 1980~1990년대 TV 프로그램 「퀴즈 아카데미」, 「우정의 무대」, 「일요일 일요일 밤에」 등을 연출했던 스타 PD였다. 2000년부터는 이화여대 교수로, 또 2007년부터 경인방송 사장으로도 일했다. 그리고 2011년에 신생 종합 편성 채널 JTBC의 편성본부장으로 다시 방송 일선에 복귀하였고, 지금은 콘텐츠본부장으로 일하고 있다. 그런 그가 가수 겸 인기인의 자격으로 LA 한국문화원에서 콘서트를 열기도 했는데, 당시에 그가 했던 말들이 아직까지 내 기억에 남아 있다.

그는 지금 58세다. 남들은 이미 직장에서 물러났거나 은퇴를 고려할 나이에 다시 현장으로 돌아올 수 있었다는 것, 55세에 음반을 내고 가수의 꿈을 이루었다는 것, 청춘의 열정과 프로다운 재능이 없었다면 불가능한 일이었을 것이다. 그것만으로도 그는 이미 많은 사람들에게 용기와 희망을 주고 있다.

가까이서 본 그는 정말 10년은 젊어보였다. '막강 동안童顔' 을 유지하는 노하우가 있을 법했다. '극락' 으로 살기. 그의 강연에서 내가 찾아낸 비법은 바로 이것이었다. 좀 더 설명하자면 이렇다. 극락을 소리 나는 대로 적으면 '긍낙' 이다. 긍은 긍적적, 낙은 낙관적이란 말이다. 매사에 "그럴 수 있지!" 라고 말해 보라. 무슨 일이든 긍정적으로 여기고, 상대방의 입장에서 생각해 보라. 얼굴 찡그릴 일이 없다. 싸울 일도 없고, 속상할 일도 없다. 늙을 일이 없다.

또 하나. 늘 "얼마나 좋아, 얼마나 좋은지 모르겠어!"라고 말해 보라. 작은 것에도 감동하고 감사의 말을 하라. 그 순간이 극락이다.

대신 "어떻게 그럴 수가 있어?" 이런 말을 입에 담는 순간 얼굴은 찌푸려지고 주름살은 늘어 간다. "괴로워 죽겠어!" 이런 마음을 품는 순간 마음이 병들고 육신도 병이 든다.

주철환은 글을 잘 쓴다. 책도 여러 권을 썼는데, 언젠가 나잇값에 대해 쓴 글을 읽은 기억이 난다. 그는 무게를 잡는 것이 아니라 가벼워지는 것이 '나잇값'이라고 했다. 그것은 곧 젊은 사람들을 가르치려 드는 게 아니라 그들의 이야기를 잘 듣는 것이다. 그것이 나이든 사람들의 올바른 처심이요 소통의 비결이며, 젊게 사는 비법이었다.

그는 17년을 MBC에서 일했다. 골수 방송인인 그가 방송 얘기를 빼놓았을 리 없다. 종편 참여를 앞두고 자신이 꿈꾸는 방송 이야기도 들려주었다. 그가 말하는 '좋은 방송'은 단순하고 분명했다. '새롭고, 재미있고, 유익할 것.' 비단 방송만일까? 작은 가게를 하나 해도, 큰 기업을 운영해도 얼마나 '새롭고, 재미있고, 유익한가?'가 그 사업의 성패를 좌우할 것이다.

그의 말에 공감하며 나를 향해 질문을 돌려 보았다.

'너는 날마다 새로운가? 재미있는 사람인가? 그리고 얼마나 남에게 유익한 사람인가?'

선뜻 대답이 나오지 않았다. 오히려 그 반대인 것들만 주르륵 떠올랐다.

'늘 똑 같아. 옷차림과 머리 모양, 사고방식, 습관, 태도. 어느 것 하나 어제와 다른 것이 없잖아. 게다가 밋밋하고 고리타분해. 필요 없이 진지하고, 제대로 놀 줄도 모르잖아. 그리고 또 얼마나 이기적인지.'

이러니 답이 나올 리 없다. 이제라도 나를 다시 세팅해야 할 것 같다. 새롭게, 재미있게, 유익하게.

콘서트 내내 그가 풀어놓는 좋은 말들은 기억하기 힘들 정도로 풍성했다. 하지만 너무 말이 많다 보니 때론 뻔한 것, 상투적인 것도 있었다. 하지만 그렇게 요란한 말잔치를 들으면서도 '그럴 수 있지 뭐!' 라며 웃어넘기고, 이렇게 글까지 쓸 수 있으니 '얼마나 좋은지' 모르겠다.

세시봉 친구들의 멋진 노년

_ 가수 조영남, 송창식, 윤형주, 김세환

조영남. 1945년생. 그림, 음악 등 다방면의 재주꾼. 자유분방한 삶 때문에 호불호가 극단적으로 나뉜다.

송창식. 1947년생. 나이 들수록 기인의 풍모를 더한다. 해학과 울림이 있는 노래는 여전히 매력적이다.

윤형주. 1947년생. 바른생활 사나이. 윤동주 시인의 6촌 동생. 감미로운 목소리는 변함이 없다.

김세환. 1948년생. 환갑을 넘겼지만 외모는 40대 그대로. 그 나이에 그렇게 천진할 수 있다는 게 신기하다.

1970~1980년대를 풍미했던 '세시봉' 출신 가수들에 간단한 이력이다. 이들이 함께 TV에 나왔다. 어느 해 추석 특집 연예 프로그램이었다. 그들이 방송에 출연하자 장안의 화제가 됐다. 진한 향수에 젖었다는 사람, 젊은 날이 생각나 눈물 흘렸다는 사람, 그들의 인간적 면모를 새삼 알았다는 사람들이 남긴 글로 인터넷은 도배가 됐다. 미국에서도 뒤늦게 불이 붙었다. 비디오로, 인터넷으로 프로그램을 본 사람들은 하나같이 추천했다.

1960~1970년대 라이브 무대의 원조였다는 서울 명동의 음악 카페 '세시봉'. 거기서 시작된 40년 우정이 궁금했다. 인터넷을 뒤져 뒤늦게 방송을 봤다.

과연! 그들의 입담과 노래는 의식의 시계바늘을 순식간에 과거로 돌려놓았다. 그들과 함께 한 2시간은 무라카미 하루키의 소설 『1Q84』에 나오는 세계처럼 또 다른 세상이었다. '두 개의 달'이 뜨고, '공기번데기'가 숨을 쉬는 그런 곳은 아니었지만 추억과 낭만으로 가득 찬 30년 전 바로 그 세계였다.

보는 내내 즐거웠다. 쉬지 않고 웃었다. 그러나 분수처럼 흩어져간 속절없는 시간 때문이었을까? 웃고 있어도 가슴 속엔 왠지 눈물이 흘렀다.

청년은 미래를 부르짖지만 노인은 과거를 노래한다. 말에 꿈보다 추억이 많아지기 시작하면 늙어 간다는 신호다. 그들이 그랬다. 요란 왁자한 분위기 속에서도 듬성해진 머리카락, 굴곡진 얼굴, 무심한 표정만은 숨길 수 없었다.

나이를 먹으면 나잇값을 해야 한다. '나잇값'이란 나이에 걸맞은 말과 행동으로 제 몫을 다하는 것이다. 자기 분야에서 나름대로 성취를 이루고, 인격에도 기품을 더하는 것이다. 쉽지 않은 일이다. 그래서 또 그들이 부러웠다. 저마다 개성과 치열함으로 대중과 함께했고 대중의 마음을 어루만졌다. 그리고 지금 멋지게 늙어 가고 있다. 그들만의 모양으로 나잇값을 하고 있는 것이다.

다시 조영남. 하고 싶은 일만 하며 산다. 그래도 그의 음악, 미술, 그림, 책 그 어느 하나 얼치기는 없다. 끊임없는 노력과 호기심으로 자신을 업그레이드시킨다. 그것만으로도 게으른 중년들은 그에 대해 왈가왈부할 말이 없다.

송창식. 괴팍스러움, 괴짜, 괴이함. 늘 그를 따라다니는 말이다. 하지만 그가 이룬 음악적 성과를 보라. 그의 노래는 고집이 있고 철학이 있다. 일가를 이룬다는 건 그런 것이다.

윤형주. 매사에 모범적이다. 그래서 오히려 약고 세속적이라는 비난도 받는다. 하지만 자식의 장래 앞에 속물일 수밖에 없는 부모들도 그를 보면 고개를 끄덕인다. 우리 애도 저렇게만 컸으면.

김세환. 산악자전거의 달인이다. 젊음을 붙들어 매는데 무엇인가에 빠진다는 것만큼 강력한 무기는 없다. 그의 무념무상 집착은 가장 높은 경지의 삶의 표현일지 모른다.

세상은 넓고 누구에게든 배울 것은 있다. 4인 4색 이들에게서도 마찬가지다. 세월이 참 빠르다. 오락 프로그램 하나를 보고서도 이렇게 나이 듦을 생각한다.

'나는 늙어 되새김질할 추억거리를 만들기 위해 지금 최선을 다하고 있는가? 나는 훗날 함께 웃으며 얘기 나눌 친구를 만들기 위해 전심을 다하고 있는가? 그리고 나잇값 하는 사람이 되기 위해 지금 제대로 준비하고 있는가?'

세월은 가도 노래는 남는구나

_ 시인의 마을 가수 정태춘

주말 어떤 모임에 참석했었다. 1980년대에 20~30대를 보낸 사람이 대부분인 부부 모임이었다. 이런저런 이야기꽃을 피우다가 분위기가 자연스럽게 젊은 시절 추억여행 쪽으로 흘렀다. 그렇게 한참을 무르익은 뒤 노래를 좋아하는 한 부부가 직접 기타를 치며 듀엣으로 노래를 불렀다. 정태춘-박은옥의 「사랑하는 이에게 3」이라는 노래였다.

그대 고운 목소리에 내 마음 흔들리고
나도 모르게 어느새 사랑하게 되었네
깊은 밤에도 잠 못 들고 그대 모습만 떠올라
사랑은 이렇게 말없이 와서 내 온 마음을 사로잡네
……

감미로운 선율, 촉촉한 가사에 다들 울컥해졌다. 아름답고 애잔한 가사를 곱씹듯 지그시 눈들을 감았다.

'아 나도 저런 때가 있었지……'

이렇듯 노래 속엔 세파에 찌든 마음을 씻어 내는 힘이 있다. 무덤덤해진 마음을 녹여내는 감동이, 힘이 있다. 이것이 세월을 이겨내는 대중가요의 마력이다.

언제부턴가 한국의 대중가요가 'K팝'이라 불리고 있다. 급격한 한류 붐을 타고 세계적인 명성도 얻고 있다. 한국의 젊은이들이 외국에 나가 돈도 벌고, 인기도 끄니 좋은 일이다. 하지만 나는 그들의 노래가 도무지 편하지가 않다. 너무 빠른 템포와 기계음에 정신이 내둘리기도 하거니와 가사도 곡도 마음에 와 닿지 않아서다. 그러니 '소녀시대'니 'JYJ'니 하는 그 유명한 그룹의 노래조차 제대로 아는 것이 하나도 없다.

구닥다리 '꼰대' 취급을 받아도 어쩔 수가 없다. 나는 지금도 7080 가수들이 더 친근하고, 1970~1980년대 노래에 더 정이 간다. 여전히 조용필 노래를 듣고 송창식 노래를 읊조린다. 시보다 더 시 같은 가사가 좋고, 듣고 또 들어도 물리지 않는 멜로디가 좋아서다.

귀 기울여 듣지를 않으니 요즘 노래도 그런지 잘은 모르겠다. 세대가 다르기 때문에 젊은이들의 문화 코드를 속단하고 싶지도 않다. 하지만 솔직히 누가 누군지 구분하기조차 힘든 젊은이들이 반복되는 멜로디에 비슷한 춤과 퍼포먼스로 노래하는 것을 보면 아무리 애를 써도 특별한 감흥이 일지 않는다. 억지로 끼워 맞춘 듯한 가사로, 국적 불명의 외래어까지 뒤죽박죽 섞어 만든 가사에 감정 이입이 될 리도 없다.

그래도 이런 노래가 좋다며 열광하는 사람들이 있다는 것이 놀라울 따름이다. 이런 것이 세대차이일까? 비틀즈가 처음 나왔을 때도 당시 기성세대가 받은 충격은 현재의 나 같은 사람이 '소녀시대'를 바라보는 것 이상이었다던데.

그렇다고 취향의 문제만은 아닌 것 같다. 지난해 MBC TV의 「나는 가수다」 성공 이후 한참동안 아름다운 가사와 서정성 넘치는 멜로디의 옛 노래들이 크게 유행했던 것처럼 감동을 주는 노래에 대한 사람들의 갈급함은 여전하니까 말이다.

주말 모임에서 정태춘-박은옥 노래를 듣고 나서 얼마 지나지 않아 공교롭게도 그들 부부가 10년 만에 새 앨범을 발표했다는 뉴스를 접했다. 이미 50대 중반을 넘긴 그들이다. 정태춘은 데뷔 초 음유시인으로 불리며 큰 인기를 누렸지만, 1980년대 후반부터 노래의 방향을 바꿨다. 그때부터 TV에서 그를 볼 수가 없었다. 대신 문화운동, 사회운동의 현장에서는 늘 그가 있었고, 그가 만든 노래가 불리어졌다. 지난 20여 년 동안 기존의 팬들과는 다소 거리가 생긴 이유다.

나는 정태춘이 좋았다. '나는 일몰의 고갯길을 넘어가는 고행의 방랑자처럼 / 하늘에 빗긴 노을 바라보며 / 시인의 마을에 밤이 오는 소릴 들을테요' 라고 외치던 그의 목소리, '소리 없이 어둠이 내리고 길손처럼 밤이 또 찾아오면……' 으로 시작되는 감미로운 노래 「촛불」도 모두 내 젊은 날의 한 장면들과 오버랩이 되어 기억에 남아 있다.

정태춘의 기사를 읽으면서 이제는 그가 '투사 정태춘' 보다는 '가객歌客 정태춘' 으로 다시 돌아왔으면 좋겠다는 생각을 해 보았다. 노래가 때론 세상을 바꾸는 무기가 되기도 하지만, 그보다는 누군가에게 기쁨과 슬픔이 되고, 친구가 되고, 위안이 될 때 훨씬 더 위대하다는 생각이 들어서다.

누구는 세월이 가면 가수도 늙고 노래도 늙는다고 했다. 하지만 세월은 가도 좋은 노래는 남는다. 특히 우리의 삶 굴곡진 고비마다 스며든 옛 노래의 기억은 언제까지나 젊은 향기로 남아 있다. 가슴을 적시는 가사와 영혼을 두드리는 곡이 함께 어우러졌을 때는 더 그렇다.

자신이 부르는 노래 하나 하나에도 이렇게 깊은 의미가 담겨져 있다는 것을 요즘 젊은 가수들은 알기나 할까?

비싸도 잘 팔리는 이유

_ LA 노키아 극장에서 만난 조용필

조용필의 데뷔 40주년 기념 콘서트가 LA에서 열렸을 때다. 그 당시에 나는 몇 번을 망설이다 입장권을 구입했다. 솔직히 지금까지도 내 돈 내고 콘서트를 가 본 적이 거의 없었기 때문이었다. 게다가 경쟁 신문에서 주관하는 행사라는 것도 약간은 눈치가 보였었다.

그래도 가 보고 싶었다. 아무리 생각해도 공짜 표가 생길 것 같지는 않았고, 그러다가 마침내 눈 딱 감고 거금을 들였다. 나 한 장, 집사람 한 장, 아이 것 한 장. 제일 좋은 자리는 못 사더라도 말석은 아니지 싶어 여섯 등급 좌석 중 다섯 번째 등급으로 끊었다. 장당 80불에

240불이나 들었다. 모처럼 문화생활비(?)로 큰 출혈을 했지만, 그래도 표를 끊어 놓고 보니 나이답지 않게 마음이 콩콩댔던 기억이 난다. 조용필을 직접 만난다는 게 어디 보통 일인가. 그것도 미국에서 말이다. (실은 공연장에서 얼굴이나 제대로 보일까 걱정이 되기도 했었다.)

나는 조용필이 좋다. 좋아하는 가수들도 별로 없지만, 그나마 조용필 노래가 가장 귀에 익어서다. 물론 그것 말고도 있다. 무엇보다 그에게서 사람 냄새가 나서다. 당연히 그의 노래에서도 인생이 묻어난다. 사람이 한 평생을 살면서 햇볕과 그늘을 넘나들지 않을 이가 누가 있을까?

그의 인생도 눈물겹다. 대마초, 결혼, 이혼, 재혼, 그리고 사별……. 그의 인간성이 실제로 어떤지는 모른다. 하지만 아무리 악한 사람이어도 이 정도 굴곡을 겪고 나면 인생에 관한 한 도사가 될 수밖에 없을 것이다. 언론에서 그의 인터뷰를 접할 때마다 화려한 스포트라이트 뒤로 흐느끼고 있을 그의 고독한 영혼도 본다. 그게 바로 사람 냄새다.

그는 영웅이어서 또 좋다. 영웅이 뭐 별 건가? 남들이 안한 것, 하고 싶어도 못한 것을 묵묵히 해내면 그게 영웅이다. 자신의 노래 「킬리만자로의 표범」을 부를 때, 그는 산정 높이 올라가 굶어서 얼어 죽는 한 마리 표범이고 싶다고 절규했다. 영웅은 그런 거다. 굶어서 얼어 죽을지언정 자존심 굽히지 않는 삶. 오르기로 정한 산이라면 어떤 시련이 와도 꿋꿋이 밟고 올라가 마침내 정상에 서는 삶. 그런 다음 내려와야 할 때 가져갔던 것을 다 내려놓고 조용히 내려올 줄 아는 삶. 나 자신이 여태 한 번도 그런 삶을 살지 못했기 때문에, 그래서 그가 부럽고 좋은 것이다.

그는 또 추억이어서 좋다. 그의 노래는 내 인생 앨범의 한 장면이요, 흘려보낸 세월의 굵은 마디였다. 대머리 아저씨가 혜성같이 등장하고, 밤늦도록 입시 공부에 찌들었던 그 시절. 1980년 고3 때였던가. 밤늦도록 야간 자습을 하고 교문을 나서면 길가 레코드 가게 스피커에서 줄기차게 흘러나오던 노래는 「창밖의 여자」였다. 나는 지금도 그 노래를 들으면 '웃고 있어도 눈물이 난다.' 그때 그 풍경, 그 시절의 냄새, 그 시절 친구들의 말소리와 표정들까지 아득하다.

대학 시절, 동아리방 낡은 라디오에서 흘러나오던 '어지럼 뱅뱅 ~' 「고추잠자리」. 이 노래에는 최루탄과 군화발로 암울했던 1980년대 교정의 칙칙함이 배어 있다. 정말 웃고 있어도 눈물이 난다던 그 겨울의 찻집에는 눈물로 조용필을 부르던 옛 동료의 기억과 함께 내 30대 젊음을 쏟았던 「중앙일보」와 서소문의 추억들이 그대로 흘러내린다.

그의 노래가 벌써 40년이란다. 그도 나이를 먹고, 그의 노래도 나이를 먹었다. 더불어 그 노래를 듣는 나도 나이를 먹어 간다. 그렇지만 "당신, 아직은 젊어."라는 아내의 말에 위안을 삼는다. 진짜로 나이를 먹었다면 10살짜리 아이를 데리고 조용필 콘서트에 갈 엄두는 도저히 못 냈을 거라는 말도 공치사 일지언정 기분 나쁘지는 않다. 좌우지간 나는 간다. 조용필을 보러, 추억을 만나러.

조용필 데뷔 40주년 기념 콘서트가 열린 LA 노키아 극장은 초저녁부터 뜨거웠다. 삼삼오오 모여든 한국 사람들. 오래 전 잠실 올림픽 주경기장에서 5만 관중을 열광시켰던 그 열기가 이곳 LA까지 그대로 이어진 듯 싶었다. 공연장 분위기야 장황하게 전하지 않아도 다 아는 바일 터이니, 다른 뒷얘기나 몇 자 적어 보자.

7,000석 규모의 LA 노키아 극장 입장료는 가장 비싼 것이 250달러였고 싼 것도 50달러, 80달러나 되었다. 그런데도 좌석은 거의 다 채워졌다. 요즘 같은 불황에 동포들이 문화생활비로 수백 달러를 선뜻 내지르기란 그리 쉬운 일이 아니다. 그런데도 중년의 아저씨, 아주머니들이 수천 명씩 몰려들었다. 이를 어떻게 설명해야 할까?

세상에는 비싸지만 잘 팔리는 것들이 있다. 경제학자들은 그 이유를 희소성과 대안 부재, 그리고 우월적 보상 심리로 설명한다. 뉴욕 맨해튼 센트럴파크가 내려다보이는 펜트하우스는 한 채에 천만 달러가 넘지만 매물은 거의 없다. 좁은 맨해튼 도심에 더 이상 새로 지을 공간이 없으니 당연히 비쌀 수밖에 없다.

영화관에서 파는 팝콘도 턱없이 비싸다. 이미 입장한 이상 바깥으로 나갈 수 없고 달리 사 먹을 것도 없다. 팝콘을 즐길 의사가 있는 사람이라면 다른 대안이 없기 때문에 비싼 값을 지불하고서라도 사 먹는다. 명품이 비싼 것은 조금 다르다. 거기엔 인간의 본능적 과시욕과 아무나 갖지 못하는 것을 소유한다는 우월적 보상 심리가 스며있기 때문이다. LA에서의 조용필 공연도 이런 틀에 대입해 보면 얼추 설명이 될까?

사실 미국에서 조용필을 만나기가 쉬운가. 희소성으로 치자면 그만한 게 없다. 더구나 이번 공연을 위해 그는 20여년 만에 LA를 찾았다지 않는가. 이민 20년이 되고 30년이 되어도 여전히 한국의 정서를 간직하고 있는 사람들, 그들이 마음 편하게 즐길 만한 무대도 미국에선 흔치 않다. 별로 유명하지 않은 한국 연예인들도 해외공연이랍시고 간판만 내걸면 웬만큼 관객이 몰리는 것도 이런 대안 부재에서 기인한다.

이런 이유들만으로 설명하기에는 뭔가 아쉽다. 조용필은 가수로서 그 자체가 이미 명품이다. 그의 노래는 한국 사람들에게 40년 동안의 생활이고 위안이었으며, 지금은 추억에 이르게 하는 징검다리다. 수많은 중년들이 지금도 그에게 열광하는 이유다. 그의 티켓이 비싸도 팔리는 까닭인 것이다.

그런데 공연을 보면서 재미있는 현상을 발견했다. 관객들의 몰입 정도가 무대와의 거리에 반비례하더라는 사실이다. 앞자리에 앉은 사람들은 몇 배나 더 비싼 표를 산 사람들일 것이다. 그렇다면 그들이 그만큼 더 즐겨야 했고, 더 열심히 소리쳐야 했다. 하지만 그들은 근엄했다. 박수에 인색했고, 환호에 야박했다. 그럴 거면 뭐 하러 여기까지 왔나 싶을 정도였다.

하지만 뒤쪽은 그렇지 않았다. 함께 손뼉치고 노래를 따라 부르면서 그 시간을 만끽했다. 무대 가까이서 공연을 즐겼어야 할 사람들은 정녕 그들이었다.

안타까웠다. 그 좋은 자리에 앉아서도 엉거주춤 어색한 표정으로 공연 분위기를 가라앉히고 있던 사람들. 왜 그랬을까? 미국 생활에서 알게 모르게 주눅 들고 눈치 보며 살아가느라 마음껏 박수 치며 즐기는 것 한 번 제대로 배워 보지 못해서일까? 아니면 지위와 체면 때문에, 나이와 인습 때문에? 그렇게 살아온 게 우리 세대의 타성이라면 이제는 벗어던져야 할 껍데기가 아닌가 하는 생각을 지울 수가 없었다.

누리는 것도 신이 부여한 능력이다. 누리는 인생에서 감사가 나오고, 누리는 인생에서 노래가 나온다고 했다. 그런데 우리는 왜 매사에 쭈뼛되기만 하는가? 왜 조금도 쉬지 못하고 밤낮 달려가려고만 하는가?

나는 공연이 더 없이 즐거웠다. 하지만 솔직히 이 눈치 저 눈치, 무엇보다 자신에 대한 눈치를 보느라 완전한 몰입을 하지는 못했다. 그 또한 직업병이었을까? 아니면 제대로 한 번 놀아보지 못한 우리 세대 모두의 타성이었을까?

어느 여배우의 '상식 파괴'

_ 권투하는 탤런트 이시영

미국은 달도 크다. 어느 해 음력 2월 보름, 한참 동안 밤하늘을 올려다보며 달구경을 했다. 평소 보름달보다 10% 이상 더 큰 슈퍼문Super Moon이 뜬다 해서였다.

과연! 그 어느 때 보던 달보다 더 크고 밝고 선명했다. 아이처럼 소원을 빌지는 않았지만, 달 속 전설을 떠올리며 모처럼 상기된 기분으로 한껏 동심에 젖어들었다.

평소에 해 보지 않았던 행동 하나도 이렇게 엔도르핀을 돌게 한다. 세상 일이 다 그렇다. 늘 뜻밖의 일들로 해서 우리 삶은 훨씬 더 풍성해지는지도 모른다. 모든 일이 예측한 대로만 굴러 간다면 세상은 얼마나 밋밋하고 재미가 없겠는가?

'이시영'이라는 여자 탤런트가 있다. 2011년 3월에 개봉된 「위험한 상견례」의 주연을 맡았던 영화배우이기도 하다. 우울한 소식들로만 가득 찬 뉴스 속에서 그녀는 뜻밖에도 산뜻한 소식을 전해 주어 나의 엔도르핀을 돌게 했었다. 그녀가 전국 아마추어 복싱대회에 직접 출전해 48킬로그램 급에서 우승까지 했다는 것이다.

알고 보니 그녀는 솔직함으로 유명한 탤런트였다. 얼굴이 깜찍하고 귀엽다 생각했는데, 성형수술을 받은 사실도 숨기지 않았다. '이은래'라는 본명이 발음하기 어려워 '이시영'으로 바꿨다는 것도 스스로 밝혔다. 이런 것이 신세대의 당당함, 청춘의 자신감인가 싶었다.

그렇더라도 권투까지? 그거, 아무나 할 수 있는 게 아니다. 얼굴이 생명인 여배우가 그것도 성형수술을 받은 얼굴을 주먹이 난무하는 사각의 정글에 내놓는다는 것은 무모하다 못해 연기자의 길을 평생 망치는 일일 수도 있다. 그런데도 그녀는 굳이 그 길을 선택했다.

"하필이면 권투를?" 모두가 물었다.

"뻔한 길은 재미없잖아요." 당돌하지만 신선한 대답이다.

이런 상식 파괴를 만날 때 우리는 유쾌해진다. 아니나 다를까. 그녀가 트로피를 들어 올리던 날 네티즌들은 열광했다. 그녀의 권투 실력이라기보다 과감한 도전정신에 보내는 갈채가 더 많았다. 그것은 자신의 발랄한 생각을 행동으로 옮기고, 남의 시선을 의식하지 않고 뚜벅뚜벅 걸어가는 것에 대한 부러움 섞인 박수이기도 했다.

살아보면 전에는 몰랐지만 지내놓고 난 뒤 뒤늦게 깨닫는 것들이 많이 있다. 작은 실천, 작은 감사, 소중한 사람들과의 작은 약속의 중요함 등이 그것이다. 익숙한 것만 고집하고, 잘할 수 있고 아는 것들에만 매달리는 것이 풍요로운 인생을 만드는 데는 별로 도움이 되지 않는다는 사실도 그중의 하나다.

"변화하라. 변신하라. 일탈과 파격을 즐겨라!"

귀에 못이 박히도록 듣는 말이지만 나부터가 마음뿐이다. 어떻든지 간에 익숙함에 안주하려고만 든다. 어쩌다 변화를 시도한다고 해도 그 변화조차 진부함의 늪에서 헤어나지 못한다. 전혀 뜻밖의 행보로 세상의 허를 찌른 탤런트 이시영이 그래서 더 빛나 보였다.

낯선 것을 앞에 두고도 가슴이 뛰지 않는다면 더 이상 청춘이 아니라 했다. 새로운 것을 보고도 흥분하지 않는다면 신체 나이에 관계없이 이미 노인이다. 한 번쯤 자문해 보자. '내가 이미 그런 사람은 아닌가?' 라고.

'어른들은 낯선 것을 금세 익숙하게 만들어 재미없어 한다. 하지만 아이들은 익숙한 것도 낯선 것으로 만들어 재미있게 논다.'

최근 읽은 글 중에 가장 마음에 와 닿은 문구다. 정말 그렇다. 한순간에 생과 사가 갈라지는 게 인생임을 사건 사고 앞에서 얼마든지 확인할 수 있다. 그럴 때마다 '어떻게 살아야 하는가?' 라는 질문을 스스로에게 한 번쯤 던져 보았을 것이다.

평생 아이의 마음을 잃지 않는 것도 대답의 하나일 수 있을 것 같다. 계획한 대로 되지 않았다고 한탄하거나 실망하지 않기, 새로운 도전을 앞에 두고 '내가 어떻게?' 라며 지레 겁먹지 않기, 때로는 아이처럼 무모해져 보기, 그리고 가끔 하늘도 쳐다보기…….

그래도 우리의 삶을 풍성하게 만들어 주는 것은 재물과 명예가 아니라 바로 이런 것들이기 때문이다.

이것이 소통이다

_ 무릎팍 도사 강호동

지금은 방송이 중단되었지만, MBC TV에서 방송되었던 개그 토크쇼 「무릎팍 도사」를 자주 시청했었다. 개그맨 강호동이 진행했고, 평균 시청률이 15%를 오르내릴 정도로 인기를 누렸다. 이 정도 시청률이면 줄이고 줄여도 한국인 몇 백만 명이 매주 TV 앞에 앉았다는 얘기다.

횟수로도 150회 이상 방송했으니까 거의 3년 동안 장수한 프로그램이라고 할 수 있겠다. 그동안 수많은 명사들이 무릎팍 도사에 나와 자신들의 삶과 꿈과 고민을 털어놓았다. 연예인들만이 아니다. 박세

리, 장영주, 조수미, 엄홍길, 허재, 황석영 등 각 분야의 내로라하는 사람들은 거의 다 다녀갔다.

요즘이야 방송사마다 연예인이 진행하는 인기 대담 프로그램이 우후죽순 생겼지만, 처음 「무릎팍 도사」가 나왔을 때만 해도 그만한 파격이 없었던 것 같다. 정색하고 달려드는 그 어떤 대담 프로그램보다 「무릎팍 도사」가 더 주목받을 수 있었던 원인을 생각해 보았다.

출연자들이 말을 잘해서? 아니다. 제목 그대로 무릎팍 도사 강호동의 소탈하면서도 꾸밈없는 진행 솜씨 때문이었다. 그 옆에 앉은 보조 진행자들이 만들어내는 편안한 분위기도 한몫을 했을 것이다.

지금은 잠정적으로 은퇴했지만, 알다시피 강호동은 천하장사 씨름꾼 출신이다. 그런데도 남다른 노력과 공부로 최고의 MC가 되었다. 그는 솔직했다. 모른다는 것을 부끄러워하지 않았다. 때로는 황당한 무식(?)을 드러내기도 했지만 그것이 오히려 상대를 편안하게 했고, 무거운 질문 앞에서도 솔직하게 만들었다. 어떤 사람과도 편안하게 소통할 수 있다는 것, 「무릎팍 도사」의 진정한 가치는 이것이 아니었을까 싶다.

개그 토크쇼 「무릎팍 도사」는 신문 종사자로서 신문의 현재를 돌아보지 않을 수 없게 만들었다. 이대로는 안 된다며 변신의 노력을 한다지만, 으레 한 박자 늦거나 뒷북치기가 일쑤다. 흘러간 세월을 여전히 아쉬워하고, 아직도 과거의 전통이 최고라 집착한다. 남 잘 난 것에 대해서는 견제하고 폄훼하는 습관 또한 쉽게 버리지 못한다. 그러면서 소통을 얘기하는 것이 면구스럽다.

신문에 실리는 사람 소개나 인터뷰는 여전히 너무 정형적이다. 질문자의 필요가 우선시 되다 보니 대답하는 사람의 필요는 정작 무시되곤 한다. 수많은 것을 물어놓고도 기사에 담아내는 것은 몇 마디 밖에 되지 않을 때도 있다. 시간 제약 때문에, 지면 사정 때문에 어쩔 수 없다지만 그로 인해 본의 아니게 대담자의 발언이 왜곡되기도 한다. 그런 곳에 어떻게 울림이 있고 감동이 있을까?

사람들은 겉으로 드러난 모습이 아니라 내면에 감춰진 얘기에 더 공감한다. 격식을 차리면 진지해지기는 하지만 진실까지 담아내기는 어렵다. 무릎팍 도사는 이것을 알았다. 그래서 만남의 형식부터 허물었다. 잘난 척 하지 않고, 가르치려 들지도 않았다. 출연자는 편안하게 얘기 보따리를 풀어놓고, 시청자는 저절로 고개를 끄덕인다. 이런 게 진정한 소통이다.

소통은 먼저 나를 드러내는 것이다. 그러나 세상살이의 문제는 생각한 대로 그렇게 잘 되지 않는다는 데 있다. 생각이 다르고, 종교가 다르고, 정치적 성향이 다르고, 사는 지역도 다르다. 게다가 이제는 세대와 소득의 격차까지 갈수록 벌어지고 있으니 갈수록 더 소통이 힘들어졌다. 나를 드러내는 것보다 감추는 것이 더 필요할 때가 많아진 세상, 어쩔 수 없이 나를 숨겨야 할 때도 있다. 잘 알지 못하면서도, 확실하지도 않으면서 아는 척도 해야 한다.

오해는 그래서 생긴다. 다툼도 일어난다. 모르는 게 부끄러운 것이 아니다. 모르면서 아는 체 하는 것이 진짜 부끄러운 것이다. 나를 낮추고 상대를 인정해 주는 것 이것이 소통의 기본이다.

“그 부분은 제가 잘 모릅니다만…….”

「무릎팍 도사」에서 강호동은 늘 이렇게 말했다. 이게 소통을 가로막는 벽을 확 낮춰 주었다. 「무릎팍 도사」에서 우리가 배워야 할 것이 있었다면 바로 이런 것이 아닐까 싶다.

배우인가, 멘토인가?

_ 고마워요, 성룡 형님!

연휴 때 아이와 함께 「가라테 키드」라는 영화를 봤다. 주인공은 '제이든 스미스' 라는 흑인 꼬마와 액션 스타 성룡. 중국으로 이사 온 미국 아이가 학교의 텃세에 시달리지만 쿵푸 수련을 통해 이겨낸다는 줄거리다.

뻔한 스토리였지만 아이는 무척 재미있어 했고, 나 역시 그랬다. 그렇지만 그 순간에도 직업병이 발동했다. 영화 자체를 그냥 즐기지 못하고 주변을 살폈다는 얘기다.

우선 내용과 동떨어진 생뚱맞은 제목이었다. 영화의 중심 소재는 쿵푸다. 그런데 '가라테 키드'라니? 미국인들에게는 쿵푸나 가라테나 태권도나 모두 그게 그것이라는 말일까? 쿵푸를 찍고도 부득부득 가라테라 우기는 할리우드의 무지와 막무가내에 짜증이 났지만 어쩔 수 없는 일. 이런 게 일본의 힘이었나 싶어 샘이 나면서도 씁쓸했다.

또 하나는 중국 알리기였다. 영화는 전 장면을 중국에서 찍었다고 한다. 올림픽 경기장도 나오고, 웅장한 만리장성도 나온다. 현대와 전통이 공존하는 모습이 화면 가득이다. 둘러보니 관객들도 연신 감탄사를 날린다. 은근슬쩍 중국의 입김이 느껴지는 영화라고 생각하니 무섭고도 부러웠다.

마지막으로 주인공 성룡이다. 요즘 한국에서는 중국어 발음에 따라 '청룽'이라 쓰고, 미국에서는 '재키 찬Jackie Chan'으로 불린다. 1954년 홍콩 출생. 1978년에 나온 「취권」이 출세작이니 벌써 30년이 넘었다.

그가 할리우드에 진출한 것은 1979년. 이후 수십 편의 영화에 출연했고, 제작자가 되어 직접 만들기도 했다. 항상 자신이 중국의 국가대표라는 자부심으로 처신했고, 결과적으로 중국을 세계에 알리는 일등공신이 됐다.

그의 트레이드마크는 순진무구한 웃음과 밉지 않은 장난기다. 그는 액션 연기에 스턴트맨을 쓰지 않는 것으로도 유명하다. 그래서 몸은 성한 곳이 없다고 한다. 죽음을 두려워하지 않는 그의 고난도 무술과 묘기 덕분에 팬들은 열광했다.

이웃을 돌아볼 줄 아는 따뜻함도 그를 남다른 배우로 만든 중요한 요소였다. 2006년에만 1억 달러가 넘는 자신의 재산 중 절반을 불우한 사람들을 위해 기부하겠다고 해서 세상을 놀라게 했다. 물론 그 전에도 후에도 쉬지 않고 자선을 베풀었다.

한국에도 그의 팬이 많다. 한국 팬들은 그를 곧잘 '성룡 따거' 라 부른다. '따거大哥' 는 중국어로 '큰 형님' 이란 뜻이란다. 그런데 세월은 '형님' 도 비켜가지 못한 것 같다. 그렇게 잘 웃고 장난기 많던 성룡이었지만, 이번 영화에서는 전혀 다른 모습으로 나왔다. 슬픔과 고뇌를 간직한 덥수룩한 장년의 모습에 한참 숙연해진 것도 그래서다.

그렇지만 30년 전 한국의 허름한 영화관에서 처음 봤던 그를 지금 미국 개봉관에서, 그것도 아들과 함께 다시 만나는 일은 여간 흥분된 일이 아닐 수 없었다. 성룡을 다시 보게 된 것도 바로 이 대목이었다.

영화를 보고 나서도 한동안 성룡의 생각이 머리를 떠나지 않았었다. '우리도 성룡처럼' 이면 더 바랄 나위가 없겠다 싶어서였다. 내가 좋아 선택한 일은 끝까지 인내하며 매진하기, 이왕이면 웃으며 즐겁게 일하기, 외국에 나와 사는 우리도 한국의 국가대표 선수처럼 처신하기, 적어도 받은 만큼은 베풀기 등.

요즘은 '굵고 짧게' 가 대세인 세상이다. 연예인, 정치인은 물론 사업가들까지도 한 번 반짝하고 이내 사라져 버린다. 직장인들도 40세만 넘으면 은퇴를 걱정한다. 그런 점에서 30년을 한결같이 가늘고 길게, 아니 굵으면서도 길게 살아온 성룡은 분명한 우리의 멘토다.

나이는 숫자에 불과하다는 말을 믿는다면 우리도 성룡처럼 못할 것도 없다. 그러나 분명 기억해야 할 것은 있다. 세상은 나이든 사람을 대접하는 것이 아니라 대접 받을 준비가 된 사람만 대접한다는 사실이다.

그것을 안다면 나이가 들수록 젊을 때보다 더 공부하고, 더 노력해야 하는 것은 당연지사. 이런 평범한 진리를 새삼 일깨워 준 성룡이 그래서 더 친근하게 느껴졌다.

"고마워요, 성룡 형님!"

적은 내 안에 있다

_ 팝 황제 마이클 잭슨의 마지막 길

'황제' 의 마지막 가는 길은 뜨거웠다. 무수한 스타와 유명인사들이 눈물을 흘렸다. 전 세계가 TV로, 인터넷으로 세기의 추모식을 지켜봤다. 마이클 잭슨, 그는 그렇게 떠나갔다.

가수로서 그의 재능은 눈부셨다. 그것으로 일찌감치 정상에 섰다. 명성도 얻었고, 큰돈도 만졌다. 하지만 그 순간부터 그의 삶은 뒤틀렸다. 무대 위의 그는 화려했지만, 막 뒤의 그는 쓸쓸했다. 사람들은 그의 춤과 노래에 열광했지만, 그의 삶을 향해서는 조소했다.

그런 세상을 그는 믿지 못했다. 낳아 준 부모마저 남이었다. 타고난 자신의 모습도 받아들이지 못했다. 그래서 끊임없이 감추고 덧씌우고 고쳤다. 경호원을 수십 명씩 두고도 편안하지 못했다. 그리고 죽어서는 약물에 기대지 않고는 버틸 수가 없었다는 혐의까지 풍기고 있다.

한 시대를 풍미했던 그의 음악은 오래도록 기억될 것이다. 그러나 그토록 많은 성취에도 불구하고 그의 삶은 안타까움과 허탄함을 남겼다. 금으로 도금된 수만 달러짜리 관에 마지막 육신을 뉘었지만, 그런 영화조차 오히려 측은함만 더해 준다. 왜일까?

사람은 돈을 얻고, 명성을 얻으면 이전의 자기를 쉬 망각한다. 명예를 얻고 권력을 얻으면 이전엔 뻔히 잘 보던 것도 더 이상 보지 못한다. 스승의 질책도, 친구의 비판도 더 이상 듣지 못한다. 아니 들으려 하지 않는다. 잭슨도 그랬을까?

'공수래공수거空手來空手去' 라고 했다. 맨몸으로 왔다가 맨몸으로 돌아간다는 것을 모르는 사람은 없다. 그러나 이 간단한 진리를 깨닫는 것이 쉽지가 않다. 남보다 조금이라도 더 가진 사람은 더욱 그렇다. "그까짓 것!" 하며 내던져 버려도 다시 집어들 또 다른 것들이 얼마든지 있다는 것을 알지 못한다. 그래서 더 집착한다. 움켜쥘 줄만 알지 놓을 줄을 모른다.

영화 「로마의 휴일」로 유명했던 영화배우 오드리 헵번은 뭇 남성의 선망이었다. 하지만 그녀는 유명세나 용모로 얻어지는 것들은 신기루 같은 것이라는 것을 일찍 깨달았다. 그래서 성공한 뒤에도 오만하지 않았고, 희생과 봉사로 소중한 삶을 채웠다. 죽기 전, 암으로 고통 받는 순간에도 기아와 빈곤에 허덕이는 아프리카 어린이들을 보듬었던 그녀는 남긴 유언조차 아름다웠다.

"기억하라. 한 손은 너 자신을 돕는 손이고, 다른 한 손은 다른 사람을 돕는 손이다."

봄은 가장 나중에 오고, 겨울은 가장 먼저 오는 곳이 정상이다. 전망이 좋다고 꼭대기에만 머물 수는 없다. 올라가면 서둘러 내려올 준비를 해야 하는 까닭이다. 그런데도 막상 봉우리에 올라가 보면 그렇게 되지 않는 모양이다. 혹여 잘 내려왔다고 해도 화려했던 과거를 떨치지 못하고 또 괴로워한다. 연예인들만의 이야기가 아니다. 살다 보면 누구나 맞닥뜨릴 수 있는 문제다.

재물과 명예는 하루아침에 사라지는 안개와 같다고 했다. 권력 또한 무상한 것이라고 누누이 듣고 배웠다. 지위가 높아졌는가? 아니면 재산이 불어났는가? 조금이라도 "그렇다."는 대답이 돌아온다면 그 순간부터 스스로를 경계해야 한다. 힘을 쏟아 자신을 다스릴 수 있는 법을 연습해야 한다. 아무도 더 이상 "그것은 길이 아니야!"라고 말해주지 않을 것이기 때문이다.

이율곡은 13세 때부터 내리 9번이나 과거에 장원급제했던 조선의 천재였다. 그런 그도 스무 살에 이미 자신을 경계하는 자경문自警文을 써 붙여 놓고 날마다 스스로를 채찍질했다지 않는가.

영혼을 피폐하게 만드는 적은 바깥에 있지 않다. 가장 무서운 적은 언제나 내 안에 있는 법이다. 일세를 풍미한 '팝 황제'의 죽음을 돌이켜 보며 갖게 되는 안타까운 소회다.

3류 드라마는 이제 그만!

_ 골프 황제 타이거 우즈의 영욕

'골프 황제' 타이거 우즈의 이혼 소식이 알려지면서 전 세계에 큰 화제를 불러일으켰었다. 2009년 11월, 자신의 집 앞에서 심야 교통사고를 낸 데 이어 잇따라 불륜 행각이 드러나면서 타이거 우즈 부부의 파경을 어느 정도 예상되기는 했지만 말이다.

우즈의 이혼 소식을 전하는 언론의 관심은 주로 돈이었다. 최소 1억 달러에서 최대 5억 달러나 될 지도 모른다는 위자료가 대부분의 기사 제목이었다. '억' 이라는 단위의 돈이 얼마쯤인지 세인들의 감각도 마비되었다. 거기에 식은 사랑과 부서진 신뢰에 대한 가족의 고뇌와 번민이 끼어들 여지는 없었다.

타이거 우즈의 혈통은 복잡하다. 아버지는 반은 흑인이고, 반은 인디언과 중국인의 피가 섞였다. 어머니 역시 반은 태국인이고, 반의반은 중국인이며, 또 다른 반의반은 백인이다. 당연히 유색인종이라는 이유로 차별을 받았다. 하지만 천재적인 재능과 부단한 연습으로 차별을 잠재웠고, 모든 것을 골프채로 말했다.

우즈는 단순히 골프 황제가 아니었다. 한 시대의 영웅이었으며, 누구도 넘지 못할 전설이었다. 그렇지만 몰락은 한순간에 찾아왔다.

분야는 다르지만 하버드 대학 니얼 퍼거슨 교수의 '제국의 붕괴이론'이 여기에 조금은 참고가 되겠다. 퍼거슨 교수는 '성장 – 도약 – 절정 – 쇠퇴 – 붕괴'의 단계를 거친다는 일반적 흥망성쇠론을 반박하며 아무리 견고한 제국도 몰락은 한밤의 도둑처럼 어느 날 갑자기 찾아든다고 주장한다.

다시 말해 제국을 구성하고 있는 복잡한 체계들이 서로 신뢰를 잃게 되면 어느 순간 다른 기능들까지 마비되어 순식간에 붕괴에 이른다는 것이다. 망조가 든 후 불과 한 세대 만에 급속도로 무너진 로마제국이 그랬고, 만주족이 일으킨 청나라에 순식간에 중원을 내 준 명나라가 그랬다. 대영제국과 구 소련의 해체 또한 한순간이었다.

철옹성 같던 우즈의 몰락도 마찬가지였다. 그를 무너뜨린 것은 돈도, 명성도, 체력도 아니었다. 오로지 절제하지 못한 욕망에서 비롯된 가족과의 신뢰 상실 때문에 모든 것이 무너져 내린 것이다.

우즈의 이혼을 바라보는 팬들의 심정은 복잡하고 착잡하다. 우상의 몰락 앞에 우울하고, 그들끼리 벌이는 한바탕 돈 잔치가 역겨우며, 사람들의 비뚤어진 관심이 서글프기 때문이다. 우즈의 첫 골프 코치였던 루디 듀런은 네 살짜리 우즈를 가르치면서 이렇게 말했다고 한다.

"모차르트는 한 편의 악곡을 쓰기 전에 머릿속에 완전히 구상을 마쳤다. 나는 우즈에게서 그걸 보았다. 그는 그 나이에 이미 모든 샷을 머릿속에서 완전하게 그리는 아이였다."

이 말이 사실이었다면 성년이 된 우즈 역시 자신의 행동이 불러올 결과를 미리 머릿속에 그렸어야 했다. 하지만 그는 골프의 천재성을 실제 삶에서는 전혀 발휘하지 못했다. 우즈의 아버지가 어린 우즈에게 늘 하던 말이 있었다.

"아들아, 인생을 알려거든 골프를 배워라!"

그러나 우즈는 아버지의 이런 가르침도 마음에 새기질 못했다. 오히려 그는 '골프 속에 인생이 있다'는 금언을 더 이상 쓸모없는 허언으로 만들고 말았다. 그러나 우즈에게는 어머니가 말씀해 주었던 말이 아직도 남아 있다.

"부당한 일을 당해도, 화가 났을 때도 말을 할 필요가 없단다. 대신 언제든 골프채가 너를 대신해서 말하게 하렴!"

1975년생인 타이거 우즈, 그는 아직도 너무 젊다. 팬들은 골프 황제의 인생이 성 추문에서 이혼으로 이어지는 3류 드라마로 완결되는 것을 원치 않는다. 이제야말로 우즈는 다시 골프채로 모든 것을 말해야 할 때다.

우리 문화의 대표선수 '한글'

_ 한국의 아름다움을 찾아낸 배용준

2010년 4월 28일자 「월스트리트저널WSJ」 유럽판 1면에 '안녕하세요' 라는 한글 광고가 실려 화제가 됐었다. 서경덕 성신여대 객원교수가 네티즌들의 기금을 모아 실었다는 이 광고는 기본적인 한국어를 가르쳐 주면서 한글의 우수성과 편의성을 설명한 것이었는데, 한국을 알리는 수단을 제대로 골랐다 싶어 관심이 갔다.

유명 인사들의 이런 애국 사례는 많다. 가수 김장훈의 독도 사랑은 익히 알려져 있는 일이고, 2009년 가을에 출간된 탤런트 배용준의 책 『한국의 아름다움을 찾아 떠난 여행』도 그런 것이다.

한국과 일본에서 동시에 발매되어 단숨에 수십억 원 가까이 팔린 이 책을 두고 일부에서는 인기에 편승한 장삿속이라는 비판도 나왔다. 하지만 책이 담아내고 있는 메시지의 울림이 작지는 않았다. 일본에서 활동하던 배용준은 한 인터뷰에서 한국의 여행지나 명소를 추천해 달라는 질문을 받았을 때 시원스럽게 대답하지 못했다고 한다. 이 책은 그때의 막막함과 부끄러움이 계기가 되어 썼다는 것이다.

배용준이 주목한 것은 김치, 한복, 차茶, 도자기, 절집, 한옥 같은 것들이었다. 거기에 다양한 사진을 곁들여 웃어른을 공경하는 예의범절, 끈끈한 정情, 근면성실 같은 보이지 않는 정신문화까지 담아내려고 했다.

유명 스타가 책을 내는 것이 특별한 일은 아니다. 그러나 나름대로 문제의식을 가지고 한국을 대표할 만한 문화 아이콘을 찾아보겠다는 노력 때문에 이 책은 좀 더 특별해졌다고 생각한다.

그러나 안타까운 것은 책에도 언급되어 있고, 우리도 흔히 한국의 대표 문화로 여기고 있는 것들이 정작 한국의 일상에서는 갈수록 접하기 힘들어지고 있다는 사실이다. 최근 한국을 방문하면서 확인한 것도 이런 것이었다. 이제는 돈 주고 일부러 찾아가는 곳이 아니고서는 더 이상 고요와 느림의 미학이 작동하는 현장을 볼 수 없게 되었다는 그런 느낌이랄까.

그 와중에도 아직 남아 있는 것을 찾는다면 그나마 한글이었다. 영어의 득세 속에 점점 설 자리를 잃어 가고 있고, 우악스런 간판 속에서 신음하고 있었지만 그래도 한국이 한국임을 일러주고 있는 것은 여전히 한글이었기 때문이다.

고맙게도 배용준의 책 역시 이 점은 놓치지 않고 있다. 책에는 세종대왕과 한글의 우수성을 설명한 것 외에 한글 속에서 세계와 소통하는 새로운 시각 언어를 발견해냈다는 디자이너의 이야기도 나온다. 그의 말에 따르면 비영어권 사람에겐 영어가 그냥 디자인으로 인식되듯 한글 역시 외국인들에겐 조형물 내지 예술 디자인으로 이해된다고 한다. 가끔 주변에서 뜻도 모르면서 한글 문구가 새겨진 티셔츠를 좋다고 입고 다니는 외국인들을 볼 때면 이런 주장에 수긍이 간다.

한국을 대표하는 문화 상징으로서 한글의 위력은 미국에서도 이미 입증이 되고 있다. 외국인들에게는 한인 타운을 타 지역과 차별화시켜 주는 가장 큰 요인이 바로 한글로 된 간판이라는 것이다. 이렇게 보면 한국 정부로서는 국가 홍보를 위해 다른 어떤 것보다도 한글을 앞세우는 것이 훨씬 더 효과적일 거라는 생각도 든다. 다만 다른 전통 문화들이 점점 사라지고 있는 것과 마찬가지로 한글도 이리 치이고 저리 치어 모국에서부터 먼저 변형되고 마는 것은 아닐까 하는 불안함은 있다.

해외에 나와 살면서도 우리말과 우리글을 잃어버리지 않겠다고 2세들에게 애써 한글을 가르치는 동포들은 그런 점에서 위대하다. 낯선 땅에서 뿌리내리랴, 우리 문화 지켜 내랴, 이래저래 동포들의 어깨가 무겁다.

4부

/

〈 부끄러운 자화상 〉

못났다, 참 못났다

_ 이자스민을 욕하는 사람들

늘 조마조마하다. 한 번은 꼭 터질 것만 같다. 외국인의 폭발적 증가에 따른 한국 사회의 갈등 말이다.

4.11 총선에서 새누리당 비례대표로 국회에 입성하게 된 이자스민의 경우도 그렇다. 그녀는 서른다섯 살의 필리핀 출신 결혼 이주여성이다. 16세 아들과 13세 딸을 키우며 18년째 한국에 살고 있다. 영화 「완득이」에서 엄마 역할을 맡아 대중에게도 친숙하다.

그녀처럼 결혼으로 한국에 온 외국 여성은 21만 명이나 된다. 그 자녀들 또한 15만 명에 이른다. 거기에 일반 외국인 노동자도 120만 명에 육박한다. 더 이상 한국은 한국 사람만 사는 단일민족 국가가 아니라는 말이다.

이자스민의 국회 진출은 그런 외국인들의 목소리를 대변할 수 있게 되었다는 점에서 정치 사회사적 상징성이 무척 크다. 그런 점에서 정당에 대한 호오好惡를 떠나 이주여성을 국회로 불러들이겠다는 생각을 먼저 해낸 새누리당이 가상하다.

그렇지만 인심은 변덕스러웠다. 선거가 끝나자 이자스민에 대한 인종 혐오성 글들이 쏟아졌다. 치졸하고 천박한 그 구절들을 또 열거하고 싶지는 않다. 하지만 동병상련의 수많은 외국 이주민들이 받았을 마음의 상처를 생각하면 부끄럽고 죄스럽다. 그런데도 "상처도 받았지만 격려도 더 많이 받았다."라고 말하는 이자스민이 고맙고 대견하다.

하긴 날 선 칼을 휘둘러 대는 대상이 어디 외국 이주자들뿐이겠는가? 요즘 한국 뉴스를 듣다 보면 하나같이 불평과 불만, 환멸과 분노의 악다구니들이다. 사람들의 눈자위엔 너 나 없이 핏발이 섰고, 표정엔 악만 남은 것 같다. 저마다 날카로운 송곳 몇 개씩은 감추고 사는 것처럼 보인다.

그래서일까? 요즘 바깥에서 듣고 보는 한국 뉴스는 너무 살벌하다. 툭하면 시비 걸고 싸우고, 죽고 죽인다. 비웃고 헐뜯고, 모함하고 깎아내린다.

70세 할아버지가 지하철에서 말다툼 끝에 77세 할아버지를 때려 숨지게 했다는 뉴스엔 말문이 막힌다. 왕따를 못 견딘 어린 중학생이 아파트에서 또 몸을 던졌다는 얘기, 친구를 집단 폭행해 암매장하고, 길가는 여성을 무단히 붙잡아 유린했다는 소식엔 모골이 송연해진다.

한국 사람들, 원래 이렇지는 않았다. 수없이 많은 외적의 침입을 받았지만 한 번도 먼저 다른 나라를 침략한 적이 없었던 민족임을 자랑스럽게 가르친다. 그러나 지금도 그렇다고 할 수 있을까?

꼭 다른 나라 땅을 밟고 쳐들어가야 침략인 것은 아니다. 남의 마음에 상처를 주고 적개심을 불러일으키게 한다면 그것도 침략이다. 그런 점에서 요즘 우리는 얼마나 많은 약자들, 얼마나 많은 타인종들의 마음을 짓밟고 울분을 자아내게 만들고 있는지 모른다.

어쩌다가 이렇게까지 되었을까? 그렇게 손님 잘 대접하고, 그토록 인정 많던 한국인이 아니었던가. 그 고운 품성들은 다 어디로 갔을까?

경제는 발전하는데 내게 돌아오는 파이는 너무 작은 데서 오는 박탈감 때문일까? 죽어라 뛰어 보지만 가진 자들은 결코 따라잡을 수 없다는 무력감 탓일까? 그런 심리 속에 애먼 외국인들까지 분풀이의 표적이 되고, 화풀이 대상이 되고 있는 것만 같다.

이대로는 안 된다. 우선 한국도 이제는 다문화 국가라는 사실부터 인정해야 한다. 우리와 다른 사람들과도 더불어 살아야 한다는 것을 받아들여야 한다. 한국인으로의 동화를 강요하는 '멜팅팟Melting Pot'만 고집할 게 아니라 서로의 다양성을 존중하는 '샐러드 보울Salad Bowl'의 조화도 이제는 연구해야 한다.

다문화는 세계적 추세다. 그럼에도 차별이나 배척을 일삼는 것은 한참 시대착오다. 스스로를 옭아매는 올가미가 될 뿐이다.

우리가 언제부터 그리 잘났던가?

_ 다문화 시대의 그늘

미국에서 이민자로 살아간다는 것이 만만한 일은 아니다. 언어의 불편, 문화의 차이가 가장 큰 이유일 것이다. 소수자로서 알게 모르게 부딪혀야 하는 편견도 있다. 그래서 때론 인종 차별을 이야기하고, 보이지 않는 장벽도 성토한다. 하지만 적어도 표면적으론 그런 차별이 금지되어 있는 곳이 미국이다.

LA에 살기 전, 우리 아이는 뉴욕 롱아일랜드 외곽 한인들이 별로 없는 지역에서 초등학교를 다녔다. 아직 어린 탓도 있었겠지만 백인 친구들은 영어가 서툴고 외모도 다른 아이를 구별 않고 대해 주었다.

선생님들도 많은 배려를 해주어 아이는 학교 가는 것이 늘 행복하다고 이야기했었다.

감사했다. 그래도 미국이니까 이민자들을 이렇게 품어 준다 싶어서였다. 이질적인 문화를 배척하지 않고 관용으로 포용해 왔기에 오늘의 미국이 있지 않았나 하는 생각도 하곤 했다.

한국도 이제는 늘어나는 외국인이 중요한 사회 이슈가 되고 있다. 취업이나 결혼 이주 등으로 한국에서 살고 있는 외국인이 2011년 1월 현재 120만 명이나 된다. 농촌 총각의 40%가 외국 여성과 결혼한다는 통계도 있다. 그 결과 외국인 엄마나 아빠를 둔 '다문화 가정' 자녀도 급속히 늘고 있다. 그 수가 이미 2011년에 15만 명을 넘어섰다고 한다.

그러나 문제는 한국 사회가 이들을 받아들일 준비가 그다지 되어 있지 않다는 데 있다. 한국어를 제대로 배우지 못한 다문화 가정 자녀들은 학교 공부를 제대로 따라가지 못한다. 외모가 다르다는 이유로 친구들 사이에서 따돌림을 당하거나 학교생활에 적응하지 못해 중도 포기하는 경우도 많다. 요즘 한국에서는 학교 폭력과 집단 따돌림이 큰 문제가 되고 있는데, 다문화 가정 자녀들도 그 표적이 되고 있는 것이다.

인정하기 싫지만, 우리 안에는 강자에게는 비굴하고, 약자에게는 포악한 심성이 내재되어 있는 것 같다. 주류 백인 앞에선 꼼짝 못하면서 특정 타민족에게는 멸시와 천대를 일삼아 눈총 받는 일부 한인들의 모습이 그것이다.

한국에서도 흑인이나 동남아인, 조선족, 새터민(탈북자)들에 대한 냉대는 도가 지나치다는 얘기가 늘 들려온다. 심지어 똑같은 영어 강사라도 파란 눈의 백인이어야만 대접을 받는다지 않는가.

그런 점에서 한국 사회는 지금 언제 터질지 모르는 시한폭탄을 안고 있는지도 모른다. 차별과 멸시 속에 살아가고 있는 외국인이나 다문화 가정 아이들이 가슴에 품었을 분노의 응어리가 그것이다. 그 불덩이가 사회를 향해 집단 분출이라도 된다면 그때는 어찌할 것인가?

물론 미국도 인종 문제에서는 여전히 자유롭지 못하다. 이민자 문제 역시 계속해서 민감한 사회 현안이 되고 있다. 그럼에도 차별 해소를 위한 제도적 노력과 서로 다름을 인정하려는 사회적 합의만큼은 이루어 놓고 있다. 미국이 왜 달리 선진국이겠는가.

한국은 이제 세계 10위권의 경제 대국이 되었다. 그 위상에 상응하기 위해서라도 관용과 배려의 문화에 좀 더 눈을 떠야 한다. 외모가 다르다거나 나보다 조금 못하다고 해서 배척하고 무시하는 작금의 풍토는 돈 좀 벌었다고 거들먹거리는 천민자본주의 졸부의 모습과 조금도 다를 바가 없지 않을까?

이것은 아니다. 우리가 과연 언제부터 100% 순수 단일민족이었던가? 한국이 언제부터 그렇게 잘 살았던가? 따지고 보면 한국인이 자랑스럽게 내세우는 단일 혈통이라는 것도 그다지 근거가 없다. 원래 한국 민족은 북방계, 남방계, 본토계의 혼혈로 시작해 오늘에 이르렀다는 유전학적, 고고학적 연구 결과가 충분히 나와 있기 때문이다.

다문화에 대한 인식 수준은 미래의 한국 사회 수준을 가늠하는 기준이 될 것이다. 그렇다면 먼저 우리 안의 순혈주의 편견부터 바꾸어야 한다. 그리고 '다름'을 받아들이는 것부터 제대로 연습해야 한다. 세상은 민족보다는 세계 시민이 더 가치 있는 시대로 가고 있다는 것을 인식해야 한다.

또 '개~'를 뽑을 것인가?

_ 유권자의 수준과 정치 수준

한국 정치, 늘 답답하다. 특히 선거를 앞두고는 더 그렇다. 당장 당리당략 앞에 물불을 가릴 줄 모르는 야당의 행태는 20~30년 전이나 지금이나 다를 바 없어 지겹고 식상하다. 언제 한솥밥을 먹었느냐는 듯 쇠락하는 권력과의 선 긋기에 여념이 없는 여당의 비겁함과 몰염치도 역겹다. 거기에 더 이상 아무런 저항조차 못하는 먹잇감을 앞에 둔 하이에나 떼 마냥 힘 빠진 대통령을 이리 쫓고 저리 물어대는 여론을 대하는 것도 민망하고 안쓰럽다. 물론 자업자득이긴 하지만 말이다.

노무현 대통령의 임기 말 때도 그랬다. 그때 그렇게 공격하고 몰아세우던 그들이 지금 똑같이 되돌려 받는 모습을 보면서 한국 정치의 비열함과 비정함을 다시 한 번 확인한다.

5년 뒤에는 이런 일이 다시 되풀이되지 않으려나? 장담을 못하겠다. 시대와 상황이 달라져도 평가가 뒤바뀌지 않는 지도자가 한국에서도 나올 수 있을까? 자신이 없다. 여태껏 그렇지 않은 사람들만 뽑아온 국민의 수준이 하루아침에 달라질 리는 없기 때문이다.

『사기史記』를 저술한 중국의 사마천을 위대한 역사가라 칭하는 것은 그가 시대와 인물에 대한 평가는 어떻게 내려야 하는지를 가르쳐 주었기 때문이다. 『사기』를 집필하면서 사마천이 지킨 두 가지 원칙은 직서直書와 포폄褒貶이었다.

사실을 있는 그대로 서술한다는 '직서'와 그 사실에 대해 옳음과 그름, 선함과 악함을 바르게 평가하는 '포폄'은 그로부터 시공을 초월해 역사 서술의 전범典範이 되었다. 또한 인물을 판단하고 시대를 평가하는 동양 각국의 기준도 그로부터 나왔다.

정론 직필을 모토로 내 건 근대 이후 한국의 언론도 사마천의 이런 역사의식을 부분적으로나마 계승한 것이었다. 하지만 솔직히 요즘은 그런 언론을 찾기가 쉽지는 않다. 기성 언론은 상업성과 정파성으로부터 대부분 자유롭지 못하고, 인터넷 시대의 소위 대안 언론이란 것도 선정성과 무책임에 매몰되어 있는 경우가 많기 때문이다.

그래서 판단하기가 더 어려워졌다. 선거를 앞둔 요즘 정치 지망생들을 앞에 두고는 더 그렇다. 무엇보다 당사자들의 입 발린 소리들이 너무 어지럽다. 교언영색, 감언이설도 모자라 좌충우돌 날 선 말 펀치들은 옥석 가리기를 더욱 힘들게 만든다. 그럼에도 민주주의라는 배를 타고 있는 이상 선장은 뽑아야 한다. 모두가 심판이 되어 제대로 보고, 정확히 따지고, 냉정하게 비교해서 배를 끌고 갈 사람들을 세워야 한다.

개별적으로 보면 하나같이 괜찮은 사람들이지만 '정치' 라는 구조 속에만 들어가면 예외 없이 협잡과 기만의 모리배로 전락해 버린다는 것을 수없이 경험했으면서도 어쩔 수 없이 또 기대를 가져야 한다. 그것이 한국에 사는 사람들의 숙명이다. 방법은 하나, 개인들이 평가의 잣대를 바로 세우는 것밖에는 없다. 충분한 정보나 성찰 없이 한두 가지 사안으로 미루어 짐작하는 것은 그릇된 판단의 원인이 된다는 것을 깨달아야 한다. 자신의 주장만 옳다고 여기는 완고함을 떨치고, 열린 마음으로 여러 목소리에 귀를 기울여야 한다.

식물 이름에 '참~' 이 붙으면 모양이나 품종이 더 좋은 것을 뜻한다. 참나리, 참깨, 참꽃 등이 그것이다. 반대로 '개~' 는 개나리, 개살구, 개두릅처럼 변변하지 못한 것, 흔해 빠진 것 등을 나타내는 접두어다. 때로는 '거짓', '가짜' 라는 뜻으로도 사용된다. 돌배, 돌사과, 돌콩 등에 쓰인 '돌~' 도 비슷하다.

식물에만 그런 이름을 붙이는 것은 아니다. 잘 붙이지 않아서 그렇지 사람에게도 '참~' 이 붙을 사람이 있고, '개~' 나 '돌~' 이 붙어 마땅한 사람이 있다. 결국 한 나라의 정치 수준은 결국 누가 '참' 이고, 누가 '개' 인지 가려내는 혜안을 얼마나 많은 유권자들이 가졌느냐가 좌우한다. 그걸 알면서도 또 '개~' 를 뽑을 것인가?

발정난 대한민국

_ '도가니' 현상을 보는 착잡함

한국 뉴스 보기가 심히 민망할 때가 많다. 신문 방송 등 매체마다 성폭행, 성추행, 성폭력 이야기가 하루도 끊이질 않는다. 사회가 온통 성性 전시장이 된 탓이다.

무엇보다 인터넷이다. 아예 음란 외설 사이트는 차치하더라도 요즘은 근엄했던 언론 사이트까지 선정적인 기사와 광고로 도배가 되어 있다. 가족이 함께 보는 TV에서도 낯 뜨거운 장면들이 밤낮없이 흘러나온다. 주택가에도 한 집 건너 술집이고, 한 발짝 건너 성을 파는 유흥업소들이 자리 잡고 있다.

이렇게 온 나라가 성에 취해 비틀거리고 있는데도 심각한 줄 모른다. 그저 조회 수와 시청률, 돈이라는 눈앞의 단물 빨기에만 급급해 제 몸뚱이가 썩어 가는 줄 모른다. 그러던 차에 영화「도가니」열풍이 몰아쳤다. 청각 장애아들을 상대로 온갖 짐승 같은 짓을 다 저지른 어른들의 인면수심과 그것을 방조한 한국 사회의 구조적 부조리를 고발한 영화다.

영화의 원작이 됐던 공지영 소설을 훨씬 전에 읽었었다. 무겁고 칙칙한 내용에 몇 번이나 책장을 덮고 싶었지만 이를 악물고 읽었다. 안타깝고 추잡한 현실 앞에 울분과 참담함을 가눌 수 없었고, 뒤틀린 욕정과 역겨운 변명들 앞에 분노가 치밀었다.

영화는 보지 않았다. 하지만 미디어가 전하는 것들을 종합하면 영화는 훨씬 더 생생했던 것 같다. 아마 예리한 영상의 힘으로 현실보다 더 실감나게 실상을 고발했기 때문이었을 것이다.

그래서일까? 이 영화 한 편에 전국이 벌집을 쑤셔놓은 듯 들끓었다. 관련법을 정비한다, 문제 학교를 폐쇄한다는 등 대책도 무성했다. 하지만 그것으로 떨어질 대로 떨어진 한국 사회의 성 윤리가 바로 세워질 것 같지는 않다.

미국에 와서 놀란 것 중의 하나는 생각했던 것보다 이 나라가 매우 건전하다는 것이었다. 더 깊은 실상은 모르겠다. 하지만 적어도 표면상으로는 성범죄와 성의 상품화에 관한 한 미국처럼 민감하고 엄격한 규제 장치를 가진 나라도 없을 것 같다.

이런 것은 한국도 배워야 한다. 무엇보다 성 충동을 부추기는 환경부터 바로잡아야 한다. 뉴스, 드라마, 광고, 영화, 게임, 만화 등 무엇 하나 이대로는 안 된다. 제대로 심의하고, 엄격하게 적용해야 한다. 표현의 자유라는 구호에 위축되어서도 안 되고, 돈 앞에 흔들려서도 안 된다.

기독교 장로인 이명박 대통령은 취임 초기에 대운하니 4대강이니 하는 것에 힘을 뺄 것이 아니라 음란, 퇴폐, 타락의 오물로부터 한국 사회를 지킬 수 있는 둑부터 먼저 쌓았어야 했다. 물론 지금도 늦지는 않았다.

성범죄 처벌 강화도 시급하다. 미국은 지난 2008년 아동 성폭행범 제임스 케빈 포프에게 무려 4060년형을 선고했다. 그러나 영화 「도가니」의 실제 모델이었던 광주 인화학교 성폭행 용의자들은 대부분 형사처벌을 받지 않았고, 가장 중한 처벌조차 3년 이하의 징역형이었다.

지난 18대 국회에서 '죄 없는 자만 돌을 던져라' 라는 성경 구절까지 들먹이며 아나운서 성희롱 발언으로 물의를 빚은 강용석 전 의원 제명안을 압도적으로 부결시킨 것도 코미디였다. 이렇게 성범죄자들이 적당히 시간만 지나면 아무렇지 않게 다시 활보할 수 있는 사회에서는 백약이 무효다.

결국 개인의 인성, 도덕성에 기댈 수밖에 없다는 것인가? 하지만 그것도 난망이다. 5천만 한국 인구 중 거의 4분의 1이 세상의 빛과 소금이기를 자처하는 기독교 신자다. 거기에 불교신자, 천주교 신자들까지 합하면 거의 절반이 신실한 삶을 살기 위해 애쓴다는 종교인이다. 그런 신앙인들을 우습게 여기는 비종교인들 역시 대부분은 '착하게 살자, 바르게 살자'를 되뇌며 산다. 그런데도 오늘날의 대한민국은 '발정난 공화국'이란 오명을 벗지 못하고 있으니, 이를 도대체 어떻게 이해해야 할까?

정말 언제쯤이면 낯 뜨거운 성性 관련 뉴스를 더 이상 만나지 않게 될까?

재벌가 형제들은 왜 싸울까?

_ 돈인가, 자존심인가?

재벌닷컴(www.chaebul.com)이라는 웹사이트가 있다. 한국 재벌가에 관한 모든 것을 담고 있는 이색 사이트다. 이곳에는 재벌가의 보유 주식 평가액, 가계도, 인맥은 물론 각종 소송 내역에 소소한 가십까지 다 나온다.

이 웹사이트에 따르면 2012년 4월 25일 현재 삼성 이건희 회장의 보유 주식 평가액은 10조 원이 넘는다. 그의 아내 홍라희 여사가 가진 주식도 1조4천억 원이나 된다. 이건희 회장의 아들 이재용 삼성전자 사장 역시 1조 원이 넘는 주식 부자다. 정권 실세 룸살롱 접대 사건 등으로 뉴스 메이커가 되었던 이재현 CJ그룹 회장도 1조 원이 넘는 자산가다. (이재현 회장은 삼성가家의 장남 이맹희 씨의 아들이다.)

'조兆'라는 것이 얼마나 큰돈의 단위인지 보통 사람들로서는 감이 잘 잡히지 않는다. 굳이 계산해 보면 500만 원의 월급을 받는 직장인이 한 푼도 쓰지 않고 1만6666년을 꼬박 모으고도 8개월을 더 모아야 되는 돈이 1조 원이다. 그런 천문학적인 재산을 가진 사람들이 역시 그런 어마어마한 돈을 걸고 소송을 벌이고 있다. 최근 불거진 삼성가의 상속 재산 다툼 이야기다.

발단은 2012년 2월에 삼성그룹 창업주 이병철 회장의 차명 상속 유산을 놓고 장남인 이맹희(81) 씨가 3남인 이건희(70) 회장을 상대로 제기한 7천억 원 상당의 반환 소송이었다. 이어 LG 가문으로 시집간 차녀 이숙희(77) 씨도 1천9백억 원대의 소송을 냈다.

소송 금액도 그렇거니와 소송 결과에 따라 삼성의 경영권 구도에 영향을 미칠 수 있다는 점에서도 세간의 관심이 집중됐다. 하지만 이번 소송이 더 입에 오르내리고 있는 것은 형제끼리 주고받는 말이라고는 여겨지지 않는, 도를 넘긴 거친 공방 때문이다.

그렇다면 칠순, 팔순을 넘긴 어르신들이 왜 그렇게까지 감정 섞인 격한 말을 토해내고 있을까? 사람들은 오래 전 삼성의 후계자 선정 과정에서부터 쌓여 온 해묵은 앙금과 자존심 때문이라고들 얘기한다. 또한 최근 삼성그룹과 CJ그룹 간의 잇단 알력도 작용했을 수 있다. 하지만 결국은 '돈'이다. 무소불위 금력金力의 힘을 한 번이라도 맛본 사람이라면 결코 떨쳐내기 힘든 바로 그 '돈의 단맛' 말이다.

그렇지만 잊을 만하면 터져 나오는 재벌가의 '쩐錢의 전쟁'을 바라보는 서민들의 심사는 그다지 편치가 않다. 이유가 있다. 알다시피 한국의 재벌은 정부의 막대한 특혜를 받아 오늘에 이르렀다는 것이 많은 사람들의 시각이다. 국민적 성원과 임직원들의 희생이 밑거름이 되어 오늘의 재벌이 되었다는 것이다. 그런데도 재벌들은 자기가 잘나서 이렇게 성장한 줄로만 안다. 사람들은 그런 몰염치가 싫은 것이다. 부모형제도 가리지 않는 재벌가의 재산 분쟁을 볼 때마다 더욱 씁쓸해지는 것도 그래서다.

서울 난지도 건너 한강변에 '투금탄投金灘'이라는 옛 지명이 있다. 지금의 강서구 가양동 구암공원 앞 여울을 말한다. 거기에 이런 설화가 전해 내려온다.

고려 때 이억년, 이조년 형제가 길을 가다가 우연히 금덩이 두 개를 주웠다. 형제는 의좋게 하나씩 나눠 가졌는데, 배를 타고 강을 건너던 동생이 자기 금덩이를 강물에 홀쩍 던져 버리는 게 아닌가. 형이 깜짝 놀라 물었더니 동생이 이렇게 대답했다.

"형님이 없었으면 금덩이를 혼자 다 차지했을 거라는 사악한 마음이 들었습니다. 형님을 미워하게 만든 이 금덩이가 나쁜 것이라는 생각이 들어 그리 했습니다."

이 말을 들은 형도 "나도 그런 생각이 들어 괴로웠단다."라고 말하고는 자신의 금덩이도 강물에 던져버렸다. 그때부터 그곳을 금을 던져버린 물길, 즉 '투금탄'으로 불렀다.

형제간의 우애가 금덩이보다 더 귀하다는 것을 일깨운 옛사람들의 얘기일 터인데, 지금 삼성가 형제들이 이런 이야기를 듣는다면 무어라 할까? 그들 역시 '돈을 사랑함이 일만 악의 뿌리가 된다'는 경구 정도는 한 번쯤 들어 보았을 텐데 말이다.

양심에 대한 예의

_ 스포츠 승부 조작 사건을 보고

기막힌 뉴스를 봤다. 골프에서 홀인원을 조작해 거액의 보험금을 타 갔다는 얘기다. 홀인원은 멀리서 친 공이 한 번에 홀에 들어가는 것을 말한다. 홀인원을 하면 단단히 축하 턱을 내야 하기 때문에 한국에는 이에 대비한 보험까지 있다고 한다. 그런데 하지도 않은 홀인원을 했다며 돈만 타 가는 사람들이 적지 않아 금융 당국이 조사에 착수했다는 것이다.

평생 골프를 쳐도 한 번 하기 힘들다는 것이 홀인원이다. 프로골퍼도 확률이 3,000분의 1, 아마추어는 12,000분의 1 정도라고 한다. 그런데도 1년에 몇 번씩이나 홀인원을 했다면 분명 냄새가 난다는 것이 이유였다.

이렇듯 사실이 아닌 것을 사실인 것처럼 꾸며서 만드는 것을 '조작造作'이라고 하며, '만진다'는 뜻의 '조작操作'과는 다르다. 그것이 풍기는 이미지는 구리고 추하다. 왜곡, 날조, 허구, 기만 같은 단어의 부정적 뉘앙스와도 겹친다. 성적 조작, 승부 조작, 주가 조작 등의 말과 합쳐질 때는 완전히 범죄가 된다.

최근 미국 한인 사회에서도 한인 고교생이 다수 연루된 성적 조작 사건이 있었다. 명문 학군의 모범 학생들이 주인공이었다는 점에서 충격은 더 컸다. 이에 앞서 미국의 유명 대학들이 대학 평가 순위를 높이기 위해 입학생들의 SAT 성적을 조작해 왔다는 보도도 있었다. 순위가 올라야 외부 기금을 더 받을 수 있다는 것이 이유였다. 모두가 씁쓸하고 우울한 얘기들이다.

한국에서 이슈가 되고 있는 스포츠 승부 조작 소식도 마찬가지다. 지난해에는 프로축구 K리그 소속 선수의 승부 조작 사건이 밝혀지면서 관련된 선수의 자살로까지 이어졌었다. 그런데 올해 초에는 남자 프로배구와 프로야구에서까지 승부 조작이 있었던 것으로 드러났다.

인간은 본능적으로 '내기'를 좋아한다. 결정되지 않은 미래를 예측해 맞히는 것만큼 재미난 것은 없기 때문이다. 거기에 반사이익까지 돌아온다면 더할 나위 없다. 이런 심리를 이용한 것이 스포츠 도박이다. 그러나 남들보다 좀 더 확실하게 더 많은 이득을 챙기고 싶어 하는 욕심이 문제다. 승부 조작의 유혹에 쉽게 넘어가는 것도 그래서일 것이다.

승부 조작 사건에 세상이 분노하는 것은 그것이 남의 몫을 부당하게 자기 몫으로 끌어들이는 이기적 행위이기 때문이다. 유명 인사들의 학력 조작, 경력 조작, 납세 조작 같은 것에 사람들이 그토록 흥분하는 것도 그것이 자신을 속이고 세상을 속이는 몰염치이기 때문이다. 그러나 정말 조작이 문제가 되는 것은 그것이 '제로섬 게임'이라는 데 있다. 내가 이익을 보는 만큼 불특정 다수는 불이익을 당한다는 말이다.

조작을 하는 당사자는 그 심각성을 모른다. 알아도 외면한다. 그나마 양심이 있다면 '걸리면 어떡하지?'라는 불안감이라도 갖는다. 나중에 자신에 대한 모멸감과 죄책감에 시달린다면, 그는 훨씬 더 양심적인 사람이다. 자신의 잘못을 깨닫는 순간 언제든지 다시 돌아올 수 있다. 그러나 전문 꾼들은 갈등하지 않는다. 오히려 스릴과 흥분까지 느낀다. 지극히 반사회적, 반인격적인 이런 사람들이 문제다.

궁극적으로 조작은 자기기만 없이는 완성될 수가 없다. 대개의 조작자는 이렇게 자신을 합리화한다.

"비록 내가 조작을 하고 있다고 해도 이건 신의 뜻이 내 손을 통해서 구현되고 있는 것이다."

이 시대가 온갖 조작에 물들게 된 것은 결과 지상주의, 물질만능주의가 가져온 필연적 귀결이다. 그런 점에서 언론에 거론되고 있는 조작들은 빙산의 일각일 뿐이다. 너도 속이고 나도 속이는 양심불량의 세태로부터 자유로울 수 있는 사람은 과연 몇이나 될까?

거친 입, 거친 말

_ 욕 안 섞으면 말이 안 되는 사람들

요즘 한국 사회는 욕이 일상화된 것처럼 보인다. 특히 청소년들의 대화는 욕으로 시작해서 욕으로 끝난다. 어쩌다가 이 지경에까지 이르게 되었을까?

우선 미디어 탓이 크겠다. 욕이 들어가지 않으면 영화가 안 되고, 드라마나 쇼 프로그램에서도 툭하면 욕이 튀어나온다. 게다가 요즘은 스마트폰으로 욕을 알리고 가르치는 '욕 애플리케이션'까지 등장했다고 하니 할 말이 없다.

연예인들의 욕설도 곧잘 도마에 오르고 있다. TV나 라디오에서 무심코 내뱉은 비속어나 상스러운 말로 곤욕을 치르는 이들이 한둘이 아니다. 영화를 봐도 욕이 없으면 대화가 이어지질 않는다.

사실 한국 영화를 보면 참 잘 만들었다는 생각이 든다. 구성이 탄탄하고, 스토리도 설득력이 있다. 그만큼 재미있고 쉽게 몰입이 된다. 한때 여름 극장가를 뜨겁게 달궜던 「써니」라는 영화도 그렇다. '강형철(37)'이라는 젊은 감독이 만들었는데, 2008년에 831만 명의 관객을 동원해 역대 흥행 8위를 기록했던 「과속스캔들」이 그의 데뷔작이다. 대중의 기호와 트렌드 읽기의 귀재라는 평을 듣는 강 감독은 「써니」라는 영화를 통해서 1980년대의 복고 문화를 소재로, 우정과 꿈을 주제로, 그리고 추억 들추기로 30~40대 주부들의 공감 코드와 감정선을 자극한다.

하지만 유쾌한 영화를 실컷 잘 보고도 씁쓸할 수밖에 없었던 불쾌감은 '개××'와 쌍시옷이 무수히 들어간 욕과 저속어, 비속어들이 어린 여학생들의 입을 통해 여과 없이 쏟아지고 있었기 때문이다. 하긴 원색적인 욕설이 난무하는 영화가 이것뿐이겠는가.

사람들은 심하게 스트레스를 받거나 부당한 대우를 받아 신경이 날카로워졌을 때 욕을 한다. 전쟁 같은 극도의 사회적 불안이 지속될 때나 요즘처럼 불황이 극심할 때도 입심이 거칠어진다. 일종의 스트레스 해소 수단이다.

하지만 욕은 긍정적일 때보다는 부정적 폐해가 훨씬 더 크다. 언어를 혼탁하게 하고, 마음을 비뚤어지게 하며, 세상을 황폐하게 만드는 것이 욕이다. 욕은 영혼을 갉아먹는 악마의 언어다. 분노를 불러일으키고 앙갚음의 감정을 조장한다. 폭력에 폭력을 부르는 파괴적, 반인격적, 비인간적 언어가 욕이다. 그런 욕을 언제까지 이렇게 방치할 것인가? 공동선을 해치는 옳지 않은 일과 행동에 대해서는 규범과 도덕, 그리고 법률을 통해서 제재를 가하는 것이 문명사회다. 그런데도 공공 미디어까지 낯 뜨거운 욕설이 버젓이 용납되고 방치되는 이 사회는 도대체 어떤 사회인가?

미국 캘리포니아 주의 LA카운티는 3월 첫 주를 '욕설 금지 주간 No Cussing week' 으로 정하고 있다. 처음 아이디어를 낸 사람이 15세의 소년이었다고 하니 10대들의 욕은 미국에서도 보통 문제는 아닌 모양이다. 그는 주변 친구들이 무시로 욕하는 것을 보며 클럽을 만들고, 웹사이트를 통해 '욕 안 하기 운동' 을 펼쳤다고 한다. 그러자 순식간에 2만여 명이 동조했다니 미국도 거친 말에 상처 입는 사람들이 많긴 많았나 보다.

> "욕은 한꺼번에 세 사람에게 상처를 준다. 욕을 먹는 사람, 욕을 전하는 사람, 그리고 욕설을 내뱉는 사람. 그러나 가장 심하게 상처를 입는 자는 욕을 내 뱉는 그 사람 자신이다."

러시아의 문호 막심 고리키의 말이다. 갈수록 각박해지는 세상, 말 한 마디를 해도 서로에게 덕이 되는 말, 마음에 위안이 되는 말을 하려는 마음이 그립다.

우리끼리 벌인 잔치

_ 제주도에서 벌어진 세계 7대 자연경관 소동

화산섬 제주도는 한국에 주어진 자연의 축복이다. 산과 바다, 온대와 난대 식물을 동시에 볼 수 있는 곳은 지구상에 제주도 말고는 거의 없다지 않는가. 그것만으로도 제주도는 이미 세계적 명소가 될 자격을 갖췄다.

나는 제주도를 세 번 가 봤다. 처음은 결혼 이듬해인 1992년 2월이었다. 이른 봄이었지만 날씨는 사나웠다. 파도가 거셌고, 눈도 많이 내렸다. 아내와 함께 한라산을 올랐다. 끝없이 이어지는 설산에서 우리는 힘겹고 초라했다. 손발은 얼었고, 살갗을 에는 바람은 바늘 같았다. 하지만 그렇게 밟은 백록담은 평생 잊지 못할 추억이 되었다.

그 이듬해에는 친지들과 함께 갔다. 성산 일출봉, 산굼부리, 협재굴, 천지연, 용두암 등 전통 관광지를 돌았다. 육지에서 보지 못했던 낯선 풍광들이 신선했고, 그 또한 오래도록 기억에 남았다.

마지막으로 가 본 것은 11년 뒤인 2004년 늦봄이었다. 그때 본 제주도는 인공적이었고, 도회적이었다. 드라마 「대장금」과 「올인」의 촬영지는 명소가 되어 있었고, 귤과 오렌지 중간쯤 되어 보이는 '한라봉' 이라는 과일이 새로운 특산물로 팔리고 있었다. 뒤늦게 제주도 전역이 자연 박물관, 민속 박물관이라는 사실도 깨달았다. 세계 어디를 가도 '이만한 곳은 없겠구나!' 라는 자부심이 생겨난 것도 그 무렵이었다.

그리고 다시 7년이 더 흘렀다. 그동안 유네스코 세계자연유산에도 등재되었고, 올레길이 생기는 등 관광 콘텐츠는 더욱 풍성해졌다. 중국, 일본, 동남아에서까지 여행객들이 몰려든다는 얘기, 인터넷 포털 '다음' 같은 대기업 본사가 들어서고, 해외동포들의 역이민 정착지로 각광받고 있다는 이야기도 듣는다.

그런 제주도가 얼마 전까지 사람들의 입에 오르내렸다. '뉴세븐원더스N7W' 라는 스위스 단체가 뽑는 '세계 7대 자연경관' 의 최종 후보지로 선정되었다는 소식 때문이었다. 뽑히기만 하면 국가 브랜드 가치를 높이고, 관광 산업 발전에도 크게 기여할 것이라는 기대감이 컸던 탓이다. 근거가 무엇인지 모르겠지만, 1조3천억 원에 이르는 경제적 효과가 있다는 통계까지 나왔다.

그러니 난리가 날 수밖에 없었을 것이다. 관련 정부 부처가 나서고, 관광공사까지 분주하게 움직였다. 그 당시 후보지 선정 투표를 독려하는 범국민위원회까지 만들어졌고, 미국에도 지부가 만들어져 투표를 독려했던 것으로 기억한다.

아마존, 그랜드캐년, 킬리만자로 등 전 세계 28곳이 최종 후보지였는데, 이과수 폭포, 베수비오 화산, 하롱베이, 마테호른 산도 포함되었다. 섬으로는 제주도 외에 갈라파고스와 몰디브, 아랍에미리트의 부티나군도 등 4곳이 들어 있었다. 그런데 한 나라 한 지역이라는 안배 탓인지 의외로 더 귀에 익은 세계적 명승지들은 보이지 않았다. 이 대목에서 뭔가 이상하다는 의심을 거둘 수 없었다.

'세계 7대 자연경관' 을 선정한다는데, 누가 어떤 기준으로 후보지를 뽑았는지, 'N7W' 라는 주관 단체의 공신력은 믿을 만한지, 그리고 굳이 비싼 통화료를 지불하면서까지 '국제전화' 로 투표해야 하는 이유는 무엇인지, 개운치 않은 구석이 한둘이 아니었다.

그럼에도 불구하고 투표는 진행되었고, 뜬금없는 이벤트일지언정 온 국민이 넘치는 애국심으로 5번씩, 10번씩 투표하는 열정을 보여주었다. 그 결과 예상했던 대로 제주도는 세계 7대 자연경관으로 무난히 선정되었다. 그러나 제주도가 7대 경관 선정 이벤트 진행 과정에서 동원 투표 시비, 세금 낭비 의혹 등이 계속 불거졌고, 국제 사기극이라는 주장까지 제기됐다. 그리고 7대 경관 선정은 자랑스러움이라기보다는 무엇인가 우리의 치부를 드러낸 불편함이 되어 버렸다.

요즘 서점에는 『죽기 전에 꼭 가 봐야 할 세계 100대 관광지』 같은 책들이 많이 나와 있다. 인터넷에도 '세계에서 가장 아름다운 곳 톱 10' 같은 정보들이 널렸다. 그렇지만 여간해서 한국은 눈에 띄지 않는다.

'세계 7대' 라는 간판, 치명적인 유혹이긴 하지만 억지로 얻어야 할 만큼 매력적인 것은 아니다. 사실 우리가 먼저 눈을 돌려야 했던 것은 오히려 이런 것들이었다. 우리끼리 이런 식으로 몰표를 쏟아 부어 세계 1등이 된들 누가 알아주겠는가. 정말 세계적인 자연 경관이라면 자연스럽게 알려지는 것이 자연스럽다.

자기들만 아는 이름

_ 영어만 쓴다고 세계적인 기업이 될까?

발전하는 고국의 모습을 확인하는 일은 흥분되는 일이다. 거의 4년 만에 와 본 서울은 듣던 대로 인터넷 강국이고, IT 강국이었다. 아파트는 질식의 정도를 갈수록 더하고 있었고, 거리는 도무지 바쁘지 않은 사람이 하나도 없어 보였다.

그 가운데서도 여전히 이맛살 찌푸려지는 것은 무질서한 간판들이었다. 위압적이다 못해 폭력적인 디자인도 그렇고, 이제는 뜻도 모를 영어까지 가세해 오히려 서울이 더 외국 같다는 느낌마저 들었다. 거기에 옛 이름을 버리고 생뚱맞고 낯선 알파벳 조합으로 이름을 바꾼 기업들은 왜 그렇게 많아졌는지…….

다니다 보니 곳곳에 'LH'라 씌어 있는 아파트가 있어 뭔가 했더니 한국토지주택공사 아파트란다. 옛날의 주공아파트인 것이다. 농협은 NH그룹, 도로공사는 EX, 농수산물유통공사는 aT, 담배인삼공사는 KT&G, 한국마사회는 KRA로 바뀌었다.

고객이 대부분 한국 사람인 공기업이 이런 식이니 일반 기업은 더 할 말이 없다. 럭키금성이 LG로, 선경그룹이 SK로 이름을 바꿀 때만 해도 그러려니 했다. 그런데 CJ, GS가 생기고, LS, AK가 등장했다. 이동통신 회사들은 KT, SKT, LGT로 바뀌었고, 은행들은 KB, IBK, KEB로 변신했다. 그 외에 BHK, NHN, SJM, S&TC, STX, OCI 같은 회사 이름도 보였다. 몇 년 사이에 암호 같은 알파벳 조합이 유행이 되어 규모와 업종에 관계없이 회사 이름이 바뀐 것이다.

한국식 이름이 세련되지 못하고, 시대에 뒤떨어진 느낌을 주니까 영어로 바꿔 보겠다는 속셈이었을 것이다. 또 IBM, GE, GM 같은 세계적 기업과 LG, SK의 변신 성공에 자극받았을 수도 있겠다. 어쨌거나 좋은 뜻으로 해석하자면 세계화 시대에 발맞춰 세계적인 기업이 되어 보겠다는 염원에서 영어 이름으로 바꾸었을 것이다. 하지만 아무리 생각해도 이건 아닌 것 같다. 이름을 영어로 바꾼다고 세계화가 되는 것도 아닐 뿐더러 이름 속에 기업의 특성과 비전 같은 것이 하나도 읽히지 않아서다.

2010년에 출간된 『2020 대한민국 다음 십 년을 상상하라』(도미니크 바튼 외 지음)는 세계 유명 인사 30명이 한국의 현재를 진단하고 미래에 대해 조언한 책이다. 이 책에서 필자들은 한국의 발전과 역동성에 대해 칭찬을 아끼지 않으면서도 하나같이 단일민족이 갖는 폐쇄성을 세계화의 걸림돌로 지적했다.

폐쇄성이란 '끼리끼리 문화'의 다른 말이다. 타인에 대한 배려 없이 나만 좋으면 남은 어떻게 여기든 알 바 아니라는 생각이 끼리끼리 문화다. 남이 하면 나도 모조건 따라해야 하는 무개념, 무영혼이 바로 끼리끼리 문화다.

최근 몇 년 동안 한국 기업들 사이에 유행병처럼 번진 알파벳 이니셜 이름 짓기도 그런 폐쇄성에 기인한 전형적인 끼리끼리 문화인 것만 같아 씁쓸했다. 자기들만 아는 약어로 이름을 삼았다는 데서 남은 알든 말든 상관하지 않겠다는 배려 없음과 오만함이 느껴졌기 때문이다.

세계화란 모든 분야에서 경계를 허무는 것이다. 하지만 그렇다고 내가 가진 모든 것을 버리거나 바꾸라는 게 아니다. 가장 한국적인 것이 가장 세계적인 것이 될 수 있다는 외국 전문가들의 조언은 그래서 의미심장하다.

사람은 이름으로 평생 기억된다. 그러나 그가 평가되는 것은 '갑돌이, 갑순이'라는 이름 때문이 아니라 그의 됨됨이다. 기업도 마찬가지다. 세계적인 기업이 되는 것은 그 기업이 이루어 놓은 업적과 사회에 대한 공헌에 비례하는 것이지 세련된 이름 때문은 아니다.

맥주회사 OB는 시대를 한참 앞서간 알파벳 이름의 원조였다. 그러나 지금 한국 기업으로서의 OB는 없다. 삼성, 현대, 기아 같은 이름은

촌스러운(?) 한글 이름이지만 지구상에 모르는 사람이 없고, 안 들어가 있는 지역이 없다. 풀무원, 자연나라 같은 이름은 또 얼마나 멋진가. 세계화는 이름 바꾸기가 아니다.

더 크게, 더 요란하게

_ 도시의 미관을 해치는 간판 공해

내 고향 부산은 바닷가라 그랬는지 상대적으로 무속신앙의 뿌리가 깊은 곳이었다. 내가 중고생이었던 1970년대까지만 해도 높은 대나무에 오색 천이나 실을 묶어 높이 세워 둔 집을 쉽게 볼 수 있었다. 신내림을 받은 무녀의 집이라는 표시였다. 지금 생각하면 그 자체가 어떤 그림이나 글씨보다 훌륭한 간판이었던 것 같다.

이발소 앞에 빙글빙글 돌아가는 청, 홍, 백의 둥근 삼색 기둥 역시 동서양을 망라해 가장 성공적인 간판이다. 이발소 광고판에서 빨강은 동맥, 파랑은 정맥, 하양은 붕대를 뜻한다. 원래는 병원의 응급실 기호였다고 한다. 중세 때만 해도 유럽에선 이발소에서 병원(외과)을 겸했었다. 그때 긴급한 환자들을 위해 눈에 잘 띄도록 세 가지 색의 표장을 내걸었던 것이 현재 이발소 간판의 유래라는 것이다.

이처럼 간판은 사람들의 눈길을 끌기 위해 만들어진다. 그런데 건물 전체나 주변 경관과의 조화를 고려하지 않은 채 내 것만 더 크게, 더 돋보이게 하려 한다는 데 문제가 있다. 그런 간판을 보고 있으면 정신도 어지럽고, 눈도 피곤하여 괜히 짜증이 난다. 간판 공해라는 말이 달리 나온 것이 아니다.

매번 한국을 방문할 때마다 느끼는 것이지만 10년 전이나 지금이나 간판에 관한 한 별로 달라진 게 없는 것 같다. 서울은 물론 일산, 분당 등 신도시를 비롯해 지방까지 온통 흉물스런 대형 간판이 점령하고 말았다. 한 건물에 같은 업소 간판이 서너 개씩 붙어 있는 것은 기본이고, 웬만한 상가에는 건물 벽과 창문까지 모조리 간판으로 도배가 되어 있다. 한국이 세계 10위권의 경제 대국으로 발전했다지만 아직도 선진국과 차이가 나는 것은 바로 이런 부분이다.

선진국의 거리가 운치 있게 느껴지는 것은 정제된 간판 덕이기도 하다. 프랑스 파리의 샹젤리제 거리에는 강렬한 원색이나 알록달록한 총천연색 간판을 볼 수 없다. 문화재가 많은 시내 경관을 고려해 파리시에서 옥외 광고물의 색상을 흑백으로 규제하고 있기 때문이다. 독일은 유럽 국가 중에서 간판 크기가 가장 작다. 독일 정부는 주변 경관과의 조화를 위해 아예 간판이 없는 것이 최선이라는 정책을 고집한다. 미국 역시 주거지와 비주거지에 따라 간판의 규격과 내용을 엄격하게 규제하고 있다.

처음 미국에 왔을 때 낯설고 인상적이었던 것 중의 하나가 간판이었다. 화려한 원색에 길들여진 이방인에게 너무나 작고 초라한(?) 간판들은 어색하고 불편했다. 하지만 얼마 지나지 않아 그것이 바로 더불어 사는 모습이라는 것을 알게 되었다. 간판 하나를 달아도 질서가 있고, 전체를 생각하며 한 걸음 물러설 줄 아는 미덕을 보이고 있었던 것이다.

그러나 같은 미국이라도 한인 밀집 지역에 들어서면 사정이 약간 달라진다. LA 한인타운이나 뉴욕 한인 밀집 지역 상가들을 보면 웬일인지 간판도 한국을 따라가는 것 같다. 어떤 건물은 외부를 완전히 뒤덮을 정도로 간판이 덕지덕지 붙어 있다. 건물에 간판이 붙어 있는 게 아니라 간판 속에 건물이 들어가 있다는 착각마저 들 정도로 말이다. 방문자들은 어지러운 간판 때문에 오히려 더 헷갈린다.

어떤 도시공학자는 간판은 도시를 꾸미는 가구家具와 같다고 했다. 간판은 도시 환경과 공공의 질서라는 측면에서 인식되고 관리되어야 한다는 말이다. 전적으로 동감한다. 몇 년 전부터 한국에서도 간판 문화 개선 운동이 펼쳐지고 있다고 들었다. 서울의 인사동은 진작부터 작고 예쁘고 아름다운 우리말 이름 간판들이 운치 있는 거리 풍경을 연출하고 있다. 또 청담동, 압구정동, 대학로에도 세련된 소재에 단아하게 상호만 새긴 패션 간판이 늘고 있다는 소식이다. 그런데 정작 간판 선진국이라는 미국에서 한인 업소만 요란한 간판에의 유혹을 떨치지 못하고 있으니 이 일을 어쩐다? 미국 거리 특유의 차분한 풍경을 한국 사람들이 망치고 있지 않나 싶어 마음이 무겁다.

화려한 싱글보다 초라한 더블이 낫다

_ 1인 가구가 대세인 시대

혼자 사는 친구가 있다. 흔히 말하는 '돌싱'이다. 가끔 아이들이 보고 싶은 것 말고는 대체로 편안하단다. 남 눈치 볼 것 없고, 이것저것 마음대로 할 수 있는 것도 좋단다. 하지만 아프거나 좀 더 나이 들었을 때를 생각하면 조금 불안하기는 하다. 그래도 아직은 젊고, 하는 일이 있으니 이렇게 사는 것도 나쁘지 않다고 생각한다.

잘 아는 할머니 한 분도 혼자 산다. 아들딸이 있지만 혼자 따로 사는 게 훨씬 마음이 편하다고 하신다. 입맛대로 먹고, 비슷한 처지의 노인들과 어울리다 보면 하루가 어떻게 가는지 모를 정도로 재미있다고 하신다. 손주들을 좀 더 자주 봤으면 하는 마음은 있지만, 그나마 가끔이라도 데려다 보여주는 자식들이 고마울 따름이라고 생각하신다.

아내의 조카도 혼자 산다. 30대 중반을 넘겼지만 결혼할 생각이 없는 것 같다. 일도 바쁘고, 딱히 마음에 드는 남자도 없는데 골치 아픈 결혼은 왜 하느냐는 주의다. 친구들 중에도 그렇게 혼자 사는 '싱글'이 적지 않다고 한다.

혼자 사는 것이 대세라더니 주변엔 의외로 이런 사람들이 많다. 최근 한국 통계청 발표에서도 확인된다. 2010년 현재 대한민국의 1인 가구는 414만 가구로, 전체 가구의 23.9%나 된단다. 거의 네 집 건너 한 집 꼴이다.

미국은 더 심하다. 12년 전인 2000년에 이미 전체 가구의 26%가 1인 가구로 조사되었고, 인구수로는 미국 총인구의 10%에 가까운 2,720만 명이다. 물론 지금은 이보다 훨씬 더 늘어났을 것이다. 이런 추세라면 20년쯤 후에는 열 집에 서너 집, 아니 네댓 집은 혼자 사는 집이 될 것이라는 전망까지 나온다.

뭔가가 답답하다. 성경 창세기의 아담과 하와 이야기가 아니더라도 혼자 사는 것이 인간의 원래 모습은 아닐 것이다. 인류학적으로도 인간은 무리지어 함께 살아가도록 만들어졌다고 한다. 인간이 원시시대부터 공동체를 이루고 산 것도 혼자 사는 외로움과 두려움을 극복하기 위해서였다는 것이다. 그럼에도 이런저런 이유로 1인 가구가 이처럼 가파르게 늘고 있는 오늘날의 현상은 분명 모순이다.

사실 요즘은 과거와 달리 혼자 사는 것이 그다지 불편하지 않은 세상이 되긴 했다. 독신자를 위한 온갖 상품과 서비스들이 쏟아져 나오고 있어서다. 혼자 사는 요령과 즐거움을 가르치는(?) 책도 많다. 그래서인지 혼자 사는 것이 좋아 보인다며 동경하는 사람까지 있다.

하지만 그것도 젊고 능력 있을 때, 돈 있고 기력 있을 때 얘기다. 일자리를 구하지 못해 결혼을 하고 싶어도 원천적으로 할 수 없는 젊은 이들, 자식 눈치 때문에 혹은 이혼이나 배우자와의 사별 등으로 어쩔 수 없이 혼자 살아야 하는 사람들을 생각하면 쉽게 내뱉을 얘기는 아닌 것이다.

"외로워. 먹고살기 힘들어서 아등바등하는 딸이야 그렇다고 쳐도 미국에 사는 아들 녀석이 전화라도 좀 해줬으면 싶지. 손자 손녀 볼도 비벼보고 싶고……. 벌써 3년이 됐네. 얼굴 본 지가. 그래도 내가 절대 먼저 전화하지는 않을 거야. 휴~ 집사람이 먼저 떠나지만 않았어도……."

어느 신문에 실린 독거노인의 독백이다. 이런 말을 듣고서도 어찌 혼자 사는 것을 낭만적이라 할 것인가.

인생이란 결국 혼자 가는 길이기는 하다. 하지만 그 길에도 누군가는 반드시 곁에 있어야 한다. 힘들 때 응원해 주고, 넘어지면 부축해 줄 사람이 필요하다. 그게 가족이다. 가족이 없다면 친구나 선후배, 위로와 격려를 나눌 수 있는 공동체라도 있어야 한다.

인간적인 정이 흐르는 공동체 사회 구현? 그러자면 당장 정치가 바꿔어야 한다. 우리 사회가 그 해결책을 놓고 진지하게 고민해야 한다. 기대하기 힘들다고? 그렇다면 개인이라도 방법을 찾아야 한다. 몸은 혼자 살아도 마음의 빗장만은 닫아걸지 말아야 한다. 그것이 1인 가구 시대에 필연적으로 따라 올 고독병을 이겨내는 유일한 방책이다.

우리 주변에 혼자 사는 사람이 있다면 한 번쯤 그를 향해 손을 내밀어 보자. 아니, 그 전에 먼저 함께 살고는 있지만 혼자 사는 것과 다를 바 없이 살고 있지는 않은지 우리 가정부터 돌아보는 것도 좋겠다.

영화배우 김추련은 왜?

_ 고독과 빈곤에 발목 잡힌 세대

지난해 11월에 1970년대를 풍미했던 영화배우 김추련이 스스로 목숨을 끊었다는 안타까운 소식을 접했었다. 「빵간에 산다」, 「겨울여자」 등 50여 편의 영화에 출연했고, 나에게도 꽤 낯익었던 영화배우다. 1946년생, 독신이었다. 그가 마지막으로 남긴 글에는 이렇게 쓰여 있었다고 한다.

"외로움과 어려움이 저를 못 견디게 했습니다."

연예인의 자살이 새삼스럽지는 않다. 그럼에도 65세, 이제 막 초로에 접어든 배우의 죽음은 우리를 몹시 안타깝고 비통하게 만든다. 또한 그의 자살은 고령화 시대의 도래와 함께 앞으로 많은 노인들이 부딪히게 될 보편적인 문제들을 고스란히 함축하고 있다는 점에서 당혹스럽다. 의료 기술과 복지 제도의 발전과 함께 사람들의 기대 수명은 갈수록 늘어나고 있다. 한국만 해도 1960년대의 52.4세에서 2011년에는 80세까지 상승했다. 그러나 늘어만 가는 노인 자살은 100세 시대의 환상을 무색하게 만든다.

한국의 자살률은 OECD 국가 중에서 가장 높다. 그중에서도 65~74세 노인 자살률은 10만 명당 81.8명으로 일본 17.9명, 미국 14.1명의 4~5배 이상이다. 75세가 넘으면 10만 명당 160.4명으로 OECD 국가 평균의 8배가 넘는다.

고독과 빈곤, 질병에 따른 신체적 고통이 대개의 이유들이다. 영화배우 김추련을 죽음으로 내몬 것 역시 인간적 외로움과 경제적 어려움이었다. 노인 자살의 이면을 좀 더 파고들면 자식에게 부담이 되기 싫어서라는 구체적인 이유도 곧잘 드러난다. 언젠가 어느 노부부가 함께 목숨을 끊으며 남긴 유서가 그랬다.

노인 문제는 이제 어느 사회나 가장 중요한 숙제가 되었다. 하지만 국가가 그들을 책임지기에는 부양해야 할 노년층이 너무 많아지고 있다는 것이 세계적인 고민이다. 복지 천국이라던 미국도 예외가 아니다. 많은 이들의 노후 대책이었던 사회보장연금은 기금 고갈로 빨간불이 들어와 있다. 노인 무상의료 보험 제도인 메디케이드나 빈곤 가정을 무상 지원하는 웰페어 또한 휘청거린다. 양로센터가 폐지되고, 노인을 위한 복지 예산도 줄어만 간다. 이런 상황이 계속된다면 '100

세 시대'는 일부 노인들만의 잔치가 될 가능성이 농후하다.

지금의 60세 이상 세대는 자신을 챙기기에는 태생적으로 영악하거나 이기적이지 못했다. 위로는 부모를 봉양하고, 아래로는 자식을 부양하느라 평생을 바쳤다. 그런 그들에게 떠안겨진 만년의 외로움과 어려움을 개인의 탓으로만 돌리기에는 너무 가혹하다.

앞선 세대의 우울한 초상은 노년을 목전에 둔 50대에게 타산지석이 되어야 한다. 40대 역시 머지않은 장래에 자신에게 닥칠 발등의 불임을 인식해야 한다. 그렇다고 할 일을 포기하자는 게 아니다. 힘든 노년이 되지 않으려면 이제부터라도 조금은 영악하게, 조금은 이기적으로 준비해야 한다는 말이다.

건健, 처妻, 재財, 사事, 우友를 흔히 '노년오복'이라고 한다. 행복한 노년을 위해서는 건강, 배우자, 돈, 일, 친구, 이 5가지는 반드시 챙겨둬야 한다는 말이다. 새기고 또 새겨야 한다. 그러나 한 가지가 더 있다. 끊을 단斷이다. 때가 되면 붙잡고 연연하기보다 끊어야 이롭고, 털어야 자유로워지는 것들이 있다. 지위, 명예, 물욕 따위가 그런 것이다. 자식에 대한 과도한 집착도 마찬가지다.

사자도, 독수리도 때가 되면 새끼를 놓아준다. 그게 자연이다. 만물의 영장이라는 인간만이 죽도록 붙잡고 있다. 결국은 부메랑으로 돌아와 자신을 상하게 하는 줄도 모른 채 말이다.

100세 시대가 오고 있다. 늘어난 수명이 재앙이 되지 않으려면, 은퇴 후 30~40년 외롭지 않고 궁핍하지 않으려면 정말로 준비해야 한다. '유비무환'이라는 경구는 오늘도, 내일도 결코 변치 않을 진리다.

신기루를 좇는 부나비들

_ 오디션 인구 200만 명 시대

대단한 나라, 대단한 국민이다. 한국의 오디션 열풍 이야기다. 지난해였던가. 미주 한인 사회에 살짝 그 바람이 불었을 때만 해도 이 정도까지일 줄은 몰랐다.

케이블TV의 「슈퍼스타 K」가 불을 지피고 기름을 부었다. 중졸의 보일러공 출신 허각을 일약 국민스타로 만든 바로 그 프로그램이다. 지원자가 무려 134만 명이었다고 한다. 「슈퍼스타 K2」는 한 술 더 떠 200만 명이 몰렸다. 비슷한 포맷의 TV 프로그램도 우후죽순으로 늘어나 10개나 생겼다고 한다. 이쯤 되면 전 국민의 연예인화라 아니할 수 없다.

가수만이 아니다. 오디션 프로그램 장르가 연기자, 모델, 디자이너, 아나운서 등으로 넓어지고 있다. 영화나 연극, 뮤지컬 등에서 배우나 가수를 선발하기 위한 방법이 오디션이다. TV는 그런 오디션의 앞뒤 과정을 생생히 보여주면서 시청자들을 붙잡는다. 오디션이 국민 오락이 된 것이다.

오디션 프로그램들은 한결같이 재능 있는 원석을 캐거나 세계적인 가수를 발굴하는 것이 명분이란다. 또한 누구에게나 스타가 될 수 있는 공평한 기회가 있다는 것도 내세운다. 실제로 '끼' 하나로 인생 역전이 가능하다는 것을 보여주기도 한다. 이것이 착각의 시작이다.

1999년에 하버드 대학에서 실험을 했다. 검은 셔츠와 흰 셔츠를 입은 팀이 농구공을 패스하는 장면을 찍은 동영상을 보여주며 흰 셔츠를 입은 팀의 패스 횟수만 세도록 했다. 실험에 참가한 학생들은 열심히 패수 횟수를 셌다. 그러나 동영상이 끝난 뒤 정작 실험 참가자들에게 물어본 것은 "고릴라를 보았는가?"라는 질문이었다. 동영상 중간쯤에 고릴라 분장을 한 학생이 약 9초에 걸쳐 화면 중앙으로 걸어온 뒤 카메라를 향해 가슴을 치고 걸어 나가는 장면이 있었던 것이다.

결과는 놀라웠다. 실험 대상자 중 절반이 이 고릴라를 보지 못했다고 답했다. 이것이 유명한 '주의력 착각' 실험이다. 이 실험은 '사람은 자기가 보려고 하는 것만 본다' 는 속설이 사실임을 입증했다. 상황에 따라 누구든지 눈 뜬 장님이 될 수 있다는 것을 확인해 준 것이다.

요즘 청소년들의 장래 희망 1순위가 연예인이라고 한다. 약삭빠른 사람들이 이것을 놓칠 리가 없다. 인터넷 검색 창에 '오디션'이라는 세 글자를 한 번만 쳐 보시라. 스타를 열망하는 이들의 눈길을 유혹하는 온갖 문구들이 쏟아진다. 금방이라도 스타가 될 것만 같다. 바로 내 이야기니까. 나 정도의 실력이라면 충분히 가능할 것 같으니까. 착각의 심화다. 그때부터는 고릴라가 떼로 지나가도 보이지 않는다.

한국에 몰아친 오디션 열풍은 전 국민을 '끼돌이, 끼순이'로 바꾸어 놓았다. 그러나 사람들은 오디션 열풍 뒤에 숨겨진 음습한 곰팡내는 별로 맡지 못한다. 시청률이라는 지상 과제 앞에 내몰린 방송사들의 무한 욕심은 도전자들의 감동 스토리조차 철저히 기획되고 계산된 것일지도 모른다는 의구심까지 갖게 만든다.

단 3분의 오디션을 위해 전국을 누비는 '연예인 고시생'만 100만 명에 이른다는 한국이다. 그들에게 오디션은 앞뒤로 꽉 막힌 현실을 벗어나기 위한 마지막 비상구일지도 모른다. 한 장 남은 '신분 상승'이라는 급행 티켓을 거머쥐기 위해 너도나도 '착각의 에스컬레이터'에 올라타려는 것만 같다. 그들은 외친다.

"예스 아이 캔(Yes I can)!" "아이 캔 두 잇(I can do it)!"

훌륭한 구호다. 그러나 꿈은 구호로 이루어지지 않는다. 이성과 합리가 배제된 자신감은 무모함에 다름 아니다. 그런 점에서 작금의 오디션 열풍은 로토 열풍과 다를 바 없다. 이런 것이 미망迷妄이다.

붓글씨는 진화하는데

_ 서예대전 심사 비리 논란

대학 때 서예회 활동을 하면서 잠시나마 지필묵의 세계를 경험했었다. 몇 년을 했지만 글씨를 잘 쓰지는 못했다. 다만 그때의 경험으로 전서篆書, 예서隸書, 행서行書, 초서草書가 무엇인지, 그리고 구양순체와 안진경체가 어떻게 다른지 구분할 수 있는 정도의 눈은 떴다.

서예회에 발을 들여 놓은 지 얼마 되지 않았을 때다. 그때도 전국 학생 휘호대회라는 게 있었다. 선배들 응원도 하고, 참가자 수도 채워야 한다고 해서 얼떨결에 따라 나갔는데 뜻밖에 나도 입선을 했다. 대단한 성적은 아니었지만, 어떻게 내 실력으로 '선選'에 들 수 있었는지 수궁이 되지는 않았지만, 기분이 나쁘지는 않았다.

하지만 그날 나는 바로 알아버렸다. 이런 식의 대회 심사라는 게 얼마나 즉흥적이고 졸속이라는 것, 그리고 참가 학교와 주최 측과의 연줄, 심사위원들과의 안면이 결과에 적지 않은 영향을 미친다는 것을 말이다.

그리고 훨씬 나중의 일이었지만 그런 학생 휘호대회뿐만 아니라 국내 유수의 서예전, 그리고 우리 사회의 수많은 공모전, 선발전의 상당수가 음험한 뒷거래에 물들어 있다는 것도 알게 되었다.

'줄 세우고 돈 오가고…… 추사 김정희도 청탁 없인 떨어진다!'

한국 서예계가 미술대전 서예 부문 수상작 자격 시비로 떠들썩한 것을 다룬 한 신문의 헤드라인이다. 몇 십 년 전과 어쩌면 그렇게 똑같은 레퍼토리인지 믿기지가 않았다. 기사에 나온 그대로 특정인 밀어주기, 오탈자 작품 뽑기, 입선자 명단 나돌기, 3초 졸속 심사 등은 그때도 똑같이 듣던 소리였다. 거기다 뜻도 내용도 모르면서 글자 모양 베끼기에만 급급한 연습 과정, 잘 읽지도 못하는 어려운 한자를 나열해 놓고 작품이라며 내어 놓는 풍토도 별로 달라진 것이 없다고 기사는 고발한다.

하긴 그때도 이런 상태로는 더 이상 서예의 미래는 없다며 많은 사람들이 결론을 내렸었다. 그런데 최근 몇 년 새 의외의 영역에서 새로운 모습의 서예를 만나고 있음은 전혀 뜻밖이다. 영화 포스터나 드라마 제호, 책 표지, 광고 등은 물론 기업 로고에 이르기까지 폭넓게 이용되고 있는 한글 붓글씨가 그것이다.

여기에 큰 역할을 한 사람이 『감옥으로부터의 사색』이라는 책을 쓴 성공회대 신영복 석좌교수인 듯싶다. 그는 20년 감옥 생활 동안 연마한 붓글씨가 수준급이었다. 2006년에는 한 소주 회사가 그가 쓴 '처음처럼' 이라는 글씨를 상표로 쓰기도 했다. 그러면서 1억 원의 장학금을 내놓았는데, 이 일은 손글씨의 가치를 일깨운 하나의 사건으로 기억된다. (그 소주는 출시 5년 만에 18억 병이 팔렸다. 경쟁사인 다른 소주 회사도 글씨 예술가 강병인이 쓴 '참이슬' 이라는 손글씨로 상표를 다시 디자인했다.)

이렇게 디자인과 접목된 글씨는 서예라 하지 않고 '캘리그래피 Calligraphy' 라고 한다. 명칭이야 어떻든 캘리그래피의 유행은 서예의 현대화와 대중화 가능성을 제시했다는 점에서 흥미롭다.

서예의 본질은 외적인 조형미보다 인간의 내면세계를 표출하는 데 있다고들 한다. 얼마나 매끈하게 잘 쓰는가가 아니라 자기답게 쓰는 것이 더 중요하다는 말이다. 그러나 요즘은 디지털 활자 시대이다 보니 서예는 고사하고 편지글 한 장 내 필체로 쓸 기회가 없다. 그럼에도 사람들이 여전히 서예를 배우고 즐기는 것은 왜 일까?

아마도 여전히 남아 있는 서예 정신에 대한 기대 때문일 것이다. 선비다운 지조, 세속에 물들지 않는 깨끗함, 그리고 절제와 절개. 하지만 이런 것들도 세상과 소통하지 않는 자기만의 것이어서는 별로 의미가 없다.

그런데도 서예계의 힘 가진 단체들은 30년째 자신들만의 틀 속에 갇혀 헤어나지 못하고 있으니 안타까운 일이다. 세상은 변화하고 있고, '서예' 라는 이름마저 '캘리그래피' 라는 영어로 은근슬쩍 바뀌어 가고 있는데 말이다.

나눠서 가는 수학여행

_ 더 늘어난 빈부 격차

30여 년 전 이야기다. 국민학교 6학년 늦은 봄, 경주로 수학여행을 갔다. 내가 다니던 학교가 있던 부산, 동래역에서 완행열차로 2시간 남짓 걸리는 거리였다. 하지만 그 길은 내가 태어나서 처음 가 본 가장 먼 여행길이었다.

난생 처음 타보는 열차여행은 너무나 즐거웠다. 처음으로 집을 떠나 잠을 자고, 불국사로 석굴암으로 구경을 다닐 때의 감동은 두고두고 설렘으로 남았다. 안압지 공터를 뛰놀며 장난감만한 삼륜 용달차가 실어다 준 점심을 받아먹던 일도 지금껏 잊히지 않는 추억이 되었다.

담임선생님은 수학여행을 가기 두어 달 전부터 여행 갈 사람 손을 들게 했다. 처음엔 절반 정도가 들었다. 그리고 날마다 조금씩 늘어나서 나중에는 반 아이들 대부분이 손을 들었다. 그렇지만 정작 여행 당일이 되어서는 손 든 아이들 모두가 오지는 않았다. 형편이 어려워 여행을 못 갈 처지였는데도 그냥 손을 들었던 친구들이 적지 않았기 때문이다.

그때 우리 반 아이는 90명 가까이 되었다. 요즘 생각하면 상상도 못할 콩나물 교실이었다. 나중에 여행 가서 찍은 사진을 보니 함께 수학여행을 갔던 아이는 모두 59명이었다. 결국 30여 명이 열차에 오르지 못했던 것이다.

여행을 떠나던 날 아침, 한껏 멋을 부리고 역으로 나온 아이들은 더없이 설레는 표정들이었다. 하지만 함께 떠나지 못하는 아이들은 어둠 저편에서 그런 친구들을 눈물로 지켜봐야 했을 것이다. 그때는 그런 줄도 몰랐지만 말이다.

얼마 전 서울에 다녀올 일이 있었다. 거의 해마다 가보는 서울이지만 매번 갈 때마다 한국은 참 대단한 나라라는 것을 느낀다. 정치, 경제, 안보 등 밖에서 걱정하는 것과 달리 사람들은 너무나 잘 살고 있었기 때문이다. 불안한 경제, 깊어진 이념 갈등, 끝 모를 북핵 문제 등 한국이 안고 있는 소위 '문제'라 하는 것들도 오히려 밖에서만 안달인 것 같았다. 갈 때마다 달라지는 도시 풍경, 화려하고 활기찬 거리, 그리고 자신감 넘치는 분위기 등 이제 한국은 적어도 겉으로만 보기에는 미국과도 비교할 수 없을 정도로 발전한 나라가 된 것이다. 오직

한 가지 예외가 있다면, 조금도 달라진 게 없는, 아니 갈수록 더 난장판이 되어 가는 정치판일 것이다.

그런데 서울에 있는 동안 우연히 눈길이 가는 신문 기사 하나를 보게 되었다. 요즘 한국에서는 수학여행을 갈 때 국내로, 해외로 나누어 가고 있다는 내용이었다. 명분은 학생들의 의사를 반영해 평소 가고 싶었던 곳을 선택해 수학여행을 떠나는 것이라고 했다. 하지만 아이들의 집안 형편이 여행지 선정의 결정적 요인이 되고 있다는 것은 삼척동자라도 알 수 있었다. 기사 자료를 제공한 여당 국회의원에 따르면 국내외 수학여행 비용 차이는 적게는 20만 원에서 많게는 100만 원까지 난다고 했다. 그리고 여행 경비를 마련하지 못해서 수학여행을 포기하는 아이들도 많다고 한다.

'선진 조국' 대한민국에서 돈이 없어 수학여행을 가지 못하는 아이가 아직도 있다니? 30년 전에나 있었던 그런 일이 아직도 펼쳐지고 있다니? 정말 믿기지가 않았다. 게다가 같은 학교에서조차 나누어 여행을 가다니? 누구는 중국으로, 누구는 제주도로 나누어 떠나는 아이들이 마음에 담을 '편 가르기'를 생각하니 왠지 가슴이 아려 왔다.

누구나 똑같이 잘 산다는 것은 동화에서나 나오는 꿈일 지도 모르겠다. 그것도 모르고 한국은 그동안 평등과 분배의 정의라는 구호에만 휘둘리며 달려오지는 않았나 싶기도 하다. 하긴, 그것 때문에 가진 것이 있어도 남들 눈치 보느라 마음대로 쓰지 못하고, 하고 싶은 것이 있어도 마음대로 하지 못했던 것도 사실이다. 그런 구호 때문에 모두가 집단 최면에 걸린 듯 '국민의 정부'를 선택하고 '참여 정부'를 선택도 했었다. 결과적으로 성장에 발목이 잡히고, 빈부 격차만 더 심해지긴 했지만 말이다.

어떻게 보면 한창 선진국 샴페인을 터트리고 있는 한국에서 수학여행 정도는 나눠서 가는 것이 대수롭지 않은 일일 수도 있겠다. 개인의 능력 범위 안에서 얼마든지 선택의 자유를 누릴 수 있게 된 지금이야말로 한국이 진짜 자본주의 선진국이 되었다는 방증일 수도 있으니까 말이다.

그렇지만, 아무리 생각해도 학창 시절의 수학여행은 결코 그런 것이 아니라는 생각은 어찌 해 볼 도리가 없다. 적어도 아이들만큼은 돈 때문에 마음을 다치는 일은 없었으면 하는 안타까움도 지울 수가 없다. 그런 나를 아직도 세상 바뀌는 줄 모르는 구닥다리 세대라 핀잔을 주어도 말이다.

명품 브랜드와 짝퉁 인생

_ 자존심이 아니라 자존감을 세울 때

노변담화 언저리엔 명품 이야기도 곧잘 등장한다. 인터넷에 한때 유행했던 '된장녀'라는 말도 그중의 하나다. 속은 된장 같은 전형적인 한국 여성인데, 겉은 고급 명품이나 외국 문화를 좇는 사치 여성을 비하해서 불렀던 그 말이다.

럭셔리 세대Luxury-generation를 줄인 L-제네레이션도 있다. 이들은 고가의 명품 브랜드 정장이나 가방 액세서리 등의 소비를 통해 자신의 정체성을 찾으려는 20대 젊은이들을 일컫는 신조어다.

명품 감별법 같은 우스갯소리도 회자됐다. 갑자기 비가 쏟아질 때

머리 위로 백을 올리고 천천히 걸어가면 짝퉁, 품에 안고 달려가면 진품이란다. 크리스천인 경우 주일 낮 예배 때 들고 나온 것은 명품, 새벽기도 시간에 들고 나온 것이라면 십중팔구 짝퉁이라는 말도 있다.

모두 웃자고 하는 소리일 것이다. 하지만 이면에는 명품족에 대한 시샘과 부러움, 경멸의 심리가 복합적으로 배어 있는 것 같다. 끼니를 굶고 월급을 몽땅 털어서라도 명품 가방을 사야 직성이 풀리는 이들의 심리를 보통 사람들이 어떻게 이해하겠는가.

그럼에도 한국은 세계 최대의 명품 소비시장이 되었다. 서울의 젊은 여성들이 들고 다니는 가방의 절반은 명품 브랜드라는 얘기도 있다. 명품은 그만큼 겉멋 든 한국 사회를 설명해 주는 중요한 단서가 되고 있는 것이다.

그렇다면 사람들은 왜 그렇게 명품에 집착할까? 언젠가 읽었던 『심리학의 즐거움–사람이 알아야 할 마음의 모든 것』은 이런 질문에 대한 답까지 담고 있어서 재미있는 책이다. 딱딱한 학문적 이론을 일상생활과 연계하여 쉽게 설명함으로써 한국 출판시장에서 베스트셀러 상위 부문을 휩쓸었던 대중 심리학책들 중의 하나이기도 하다. 이 책에서는 명품 소비의 본질은 '자존감'이라고 단언한다. 명품을 사는 행위는 단순히 물건을 사는 것이 아니라 자신의 정체성과 신분을 높여 줄 새로운 증명서를 갖는 것이라고 정의한다.

"명품을 사는 행위는 사회적 욕구를 추구하는 과정에서 자신에게 부족한 부분을 브랜드의 위력으로 메우고자 하는 마음의 작용이다. 자기 신뢰가 낮아 매사에 자신감이 없는 사람이 타인으로부터 존중받고 싶은 욕구가 강할 때 나타나는 전형적인 현상이 명품 선호인 것이다."

물론 반론에 대한 대비도 빠뜨리지 않는다. 명품족 모두가 다 그런 것도 아니고, 명품 선호가 나쁘다는 말도 아니라는 것이다. 그러나 분명한 것은 점점 더 많은 사람들이 낮은 자존감을 돈으로 메우려 한다는 사실이다.

그렇게 메워진 자존감은 열심히 공부해 자격증을 따는 것, 땀 흘리고 시간 들여 살을 빼는 것, 금단의 고통을 이겨내며 담배를 끊는 것 등 자신과 싸워 얻어낸 자존감과는 차원이 다르다는 것도 일깨워 준다.

쉽게 얻어진 자존감은 그만큼 쉽게 무너져 내린다. 내면의 채움 없이 외부로부터만 충족된 욕망은 금세 싫증으로 나타나고, 이는 또 다른 명품을 좇는 욕망의 악순환을 야기한다.

하긴 그런 것이 어디 명품뿐이랴. 권세나 재물, 명예에 대한 탐닉도 마찬가지다. 서너 개씩의 화려한 명함을 갖고서도 또 다른 자리에 목을 매는 사람들에게는 돈과 지위가 곧 자신을 세워 줄 명품인 것이다.

문제는 욕망이다. 욕망에 눈이 멀면 뻔한 짝퉁조차 명품으로 보인다. 정치인이나 이런저런 장長 자리에 있는 분들, 또는 그 지망생들 모두가 경계해야 할 것도 이것이다.

헛된 이름에 집착할수록 스스로는 명품 인생에서 더욱 멀어질 뿐이다. 남들은 다 아는 이것을 나만 모르고 있다면 얼마나 억울한가.

5부
/
〈 한국인의 유전자 〉

한국인의 얼굴

_ 이명박형인가, 박찬호형인가?

충청남도 서산 일대 개심사에서 보원사 절터를 거쳐 마애불 – 해미읍성 – 간월도로 이어지는 여정은 여행을 좋아하는 사람이라면 한국에서 빼놓을 수 없는 답사 코스다. 그중에서도 백미는 '백제의 미소'로 불리는 국보 84호 서산마애삼존불西山磨崖三尊佛이다. 일찍이 한국 고고학의 태두였던 김원룡 선생은 이 마애불을 보고 이렇게 표현했다.

"본존불의 둥글고 넓은 얼굴의 만족스런 미소는 마음 좋은 친구가 옛 친구를 보고 기뻐하는 것 같고, 그 오른쪽 보살상의 미소도 형용할 수 없이 인간적이다."

나도 두 번 그곳을 찾을 기회가 있었는데, 갈 때마다 그곳을 관리하는 처사가 직접 삿갓 등을 움직여 가며 마애불을 비춰 줘서 천진한 듯 자상한 듯 광선의 방향에 따라 변화무상하게 바뀌는 표정을 보고 감동에 젖었던 기억이 난다.

민족 고유의 얼굴을 만나는 데는 경주 남산도 빼놓을 수 없다. 지난 2000년 11월 세계문화유산으로 등록된 이곳은 40여 골짜기, 180여 개 봉우리 곳곳마다 신라 시대 문화재와 석불들이 산재해 있다. 거기서 만나는 수많은 석불의 얼굴들 역시 불상이라기보다는 한국 땅 어디서나 볼 수 있는 갑남을녀甲男乙女, 필부필부匹夫匹婦의 소박하고 친근한 얼굴들이다.

우리는 평화를 사랑하는 민족이어서 남의 나라를 침범한 적이 없었다. 게다가 뚜렷한 사계절에 청명한 날씨와 온후한 기후 덕택으로 백성들의 심성도 마냥 어질고 착했다. 이런 환경이 빚어낸 것이 곧 서산 마애불의 은근한 미소요, 경주 석불들의 다정한 얼굴이었다. 또 안동 하회탈에 나타난 소탈한 웃음, 고려 불상에 나타난 자상하고 후덕한 표정 역시 수천 년을 이어 온 우리의 얼굴들이었다.

그러나 현실에서 대하는 한국인의 얼굴은 이들과는 사뭇 다르다. 우리 스스로 뿐만 아니라 19세기 이래 한국을 찾았던 외국인들의 기록을 봐도 한국인의 얼굴 표정에 대해서는 부정적인 시각이 많다. 무표정하다, 퉁명스럽다, 불친절해 보인다, 항상 화가 나 있거나 어딘지 모르게 찌든 모습이다 등등. 문제는 이러한 지적들이 21세기를 맞은 지금까지도 상당 부분 유효해 보인다는 사실이다.

10년 이상 한국인의 얼굴을 연구해 온 서울교대 조용중 교수는 한국인의 얼굴형을 크게 내륙형과 해안형 두 가지로 나누었다. 북방 민족에 뿌리를 둔 내륙형은 정수리가 볼록한 고구마 모양의 두상에 눈은 작으며, 눈썹이 옅고 피부가 희다. 이에 비해 해안형 얼굴은 쌍꺼풀 진 큰 눈에 짙은 눈썹, 볼록한 입에 네모진 얼굴로 동남아인들과 통하는 점이 많아 남방계 민족의 유입설을 뒷받침한다.

이 중 한국인들의 표준이 된 것은 한반도 민족 기원설 그대로 북방계 내륙형 얼굴이었다. 작고 찢어진 눈과 도드라진 광대뼈, 발달된 턱, 낮은 코에 펑퍼짐하고 납작한 안면, 아래로 처져 다소 성난 듯 보이는 입 등이 모두 내륙형 얼굴의 특징이다.

유전적으로 물려받은 안면 골격이 이러니 한국인의 얼굴이 화난 듯 무뚝뚝해 보인다는 외국인들의 지적도 일리가 있다. 거기다 잦은 외침과 폭정, 압제에 시달리고, 일제 식민지와 6.25 동란 등 질곡의 현대사를 거치면서 가난까지 맞서 싸워 왔으니 이전의 그 평화롭던 표정을 잃어 버렸을 만도 하다.

하지만 시대가 바뀌면서 우리의 얼굴도 다시 바뀌고 있다. 서구 문화의 유입과 함께 식생활과 문화가 바뀌면서 한국인의 얼굴이 다시 조금씩 여유로워지고 웃음을 되찾고 있는 것이다.

외국 이민 생활이 오래된 사람들에게서도 달라진 얼굴을 쉽게 발견할 수 있다. 러시아나 우즈베키스탄 등지에 살고 있는 고려인 2, 3세들의 얼굴들이 바로 그것이다. 미국에 와서 느낀 사실이지만 여기 1.5세나 2세들도 한국에서 자라는 아이들과는 얼굴 모양이 많이 다르다.

밥과 김치 대신 빵과 샐러드를 먹고, 한국말 대신 영어를 말하면서 구강 구조까지 변해서 그런지 몰라도 한국인 특유의 각진 얼굴은 희석되고, 어딘지 밋밋하고 뭔가 '빠다 냄새(?)' 나는 애매한 얼굴로 바뀌고 있는 것이다. 내 느낌으로 굳이 예를 들자면, 코미디언 자니 윤 같은 얼굴이라고나 할까.

이렇게들 얼굴이 달라져도 민족의 얼이 서려 있는 고유의 표정은 쉽사리 바뀌지가 않는다. 조상들로부터 물려받은 70%의 유전 형질은 한두 세대 만에 덜컥 바뀌는 것이 아니기 때문이다. 그러나 환경이 바뀌고 습관이 달라지면 자신도 모르게 얼굴이 바뀐다. 개인의 노력과 의지에 따라 얼마든지 바꿀 수 있는 얼굴의 분량이 30%인 것이다.

한인들의 미국 이민 역사가 벌써 100년을 넘었다. 지난 100년의 세월이 지금 이민자의 얼굴을 만들어 왔듯이 이제는 우리들 스스로가 새로운 이민자의 얼굴을 만들어 가야 할 때가 온 것이다. 100년 후 이 땅에 살게 될 후손들의 얼굴이 지금 우리의 마음가짐에 따라 얼마든지 달라질 수 있음을 생각하면 새삼 어깨가 무거워진다.

강남이 좋다지만

_ 집값 올라 배 아팠던 이야기

중종반정中宗反正 때 일등공신이었던 박원종朴元宗은 조선 역사상 가장 호사스런 주택을 소유했던 사람으로 꼽힌다. 그는 연산군을 몰아내고 새 임금을 세운 공으로 영의정까지 오르면서 분수에 넘치는 생활을 누렸다. 박원종의 집을 찾은 사람이 그의 처소에 이르려면 안대문만 다섯을 지나야 할 정도였다니 그 규모와 사치가 가히 짐작이 간다.

그러나 유교적 청빈의식이 지배했던 조선시대에는 사대부라 할지라도 이렇게 호사스런 집을 소유하는 것은 극히 예외적인 경우였고,

보통의 선비들은 큰 집을 오히려 수치로 여겼다. 간혹 큰돈을 번 중인들이 정도 이상의 큰 집을 소유하는 경우도 있었지만, 그것은 신분상의 열등감을 보상받으려는 심리의 발동으로 보아야 할 것이다.

일반적으로 조선시대 중류 이상 가정의 집 규모는 한 식구에 방 한 칸으로 다섯 내지 열 칸 정도였다고 한다. 한 칸의 크기는 요즘의 한 평보다는 약간 컸는데, 방 면적만 따지면 요즘 평수로 10평 남짓이었다는 말이다.

집의 크기에 따라 부르는 말도 달랐는데, 열 칸 이상이면 '옥屋'이라 했고, 그보다 작으면 '사舍'라고 불렀다. 한자를 풀어보면 옥屋은 시지尸至, 곧 송장에 이른다는 뜻이 되고, 사舍는 인길人吉, 즉 사람이 길하다는 뜻이 된다. 이런 것만 봐도 우리 조상들이 분수에 넘치는 큰 집을 얼마나 경계했는지 알 수가 있다.

요즘 한국을 보면 집값 때문에 온통 난리가 난 것 같다. 강남의 새 아파트는 웬만하면 수십억이고, 그 호화로움도 이를 데가 없다고 한다. 게다가 하룻밤 사이에 수천만 원씩 오르는 아파트 값은 가진 자에게나 못가진 자에게나 스트레스임은 분명한 것 같다. 아닌 게 아니라 서울에 갔을 때 만난 사람들은 하나같이 아파트 값 얘기를 했다.

"빚을 내서라도 샀어야 했어!"

"팔고 나니 그때부터 오르더라니까!"

"우리 동네는 미동도 하지 않아!"

이런 이야기를 듣고 있노라니 한국은 딱 두 부류로만 채워져 있다는 생각이 들었다. 강남 사람, 비강남 사람 혹은 값 오른 아파트를 가진 사람과 그렇지 못한 사람으로 말이다.

나도 한국의 집값을 생각하면 솔직히 스트레스가 쌓인다. 미국에 오지 않고 그냥 서울에 있었더라면 집값이 올라 꽤 부자가 되었을 지도 모르겠다는 생각, 뒤늦게 무리해서라도 강남 언저리에 재개발 딱지라도 하나 사두었더라면 하는 생각들로 이리저리 심사가 뒤틀리는 것이다.

그래도 위안이 된 것은 강남, 분당의 수십억짜리 아파트에도 들어가 봤지만, 그게 별로 부럽지가 않더라는 거다. 숨 막힐 듯 다닥다닥 붙은 건물에 빈틈이라고는 전혀 없는 주차장, 넋이 빠질 정도로 현란한 거리에 어디로 가는지도 모르고 앞으로만 달리는 사람들. 억만금을 준다 한들 이제는 그런 번잡함과 어수선함이 더 이상은 적응하지 못할 낯선 풍경으로 여겨진 것이다.

십년을 경영하여 초려삼간 지어내니
나 한 칸 달 한 칸에 청풍 한 칸 맡겨 두고
강산은 들일 데 없으니 둘러두고 보리라

조선 중기의 문신 송순(宋純, 1493~1583)이 담양으로 낙향하여 '면앙정'이라는 정자를 짓고 노래한 시조다. 이 시조를 좋아하는 것은 미국에 살고 있을지언정 나도 언젠가는 이렇게 살고 싶다는 속마음 때문이다. 눈에 그려지는 풍류적인 모습이 좋아서가 아니라 자연과 더불어 사는 여유로운 삶이 부러운 것이다.

그렇지만 눈을 뜨면 또 복닥거리는 현실이다. 옛시조를 읊조리며 한가로이 무위자연을 꿈꿔 보지만, 그래도 마음 한구석엔 박원종의 호사스런 집이 여전히 부러우니 내 안의 속물근성은 어쩔 수가 없나 보다.

나는 지방색이 좋다

_ 지독한 고향 사랑

나라마다 지역마다 사람들의 기질적 특성이 다른 것을 국민성이니 지방색이니 하는 말로 부른다. 영국인은 꼼꼼하고, 독일인은 고집이 세며, 프랑스인은 낭만적이고, 중국인은 이재理財에 밝다는 것 등은 우리가 흔히 알고 있는 몇몇 나라 사람들의 국민성이다.

경상도 사람은 무뚝뚝하지만 추진력이 있고, 전라도 사람은 다정다감하고 예술적 소양이 깊으며, 충청도 사람은 느리지만 뚝심이 있다는 식의 평가도 한국 사람이면 대체로 공감하는 지방색이다.

하지만 미국에 살면서 정작 미국인의 국민성이나 지방색에 대해서는 그다지 들어보지 못했다. 그것은 아마도 이 땅이 다양한 이민자의 나라인데다 역사 또한 일천하여 지방색이라 일컬을 만한 특성이 형성될 겨를이 없었던 탓이었는지도 모르겠다.

그래도 굳이 미국인의 국민성을 얘기하자면 '형식에 얽매이는 것을 싫어하고 합리적인 사고방식을 추구하며, 유머 감각이 뛰어나다'는 정도가 될 것이다.

지역별로는 동북부 뉴잉글랜드 사람은 완고하고 보수적인 반면 자립심이 강하고, 남부 사람은 성실한 대신 고집이 세며, 서부 사람은 사교성이 강하면서 진취적인 성격을 가지고 있다는 글을 본 적이 있다.

과거 부시 대통령 재임 시절에는 그가 텍사스 출신이다 보니 텍사스 사람들의 특성도 인구에 많이 회자되었다. 성격이 털털하고 사람들이랑 어울리는 것을 좋아하며, 남자답다는 소리를 많이 듣는다는 것이 그것이다.

단점이 있다면 힘 센 주에 살다 보니 자기네만 최고인 줄 알고 힘이 없는 약소국, 자기보다 못한 다른 주 사람들을 무시하는 경향이 있다는 것이다. 이는 부시 대통령 재임 시절의 그 주변을 보면 일리가 있는 분석인 것도 같다.

그렇다면 미국에 살고 있는 한인들의 성향은 어떻게 다를까? 동부와 서부에 골고루 살아 본 경험을 통해 갖게 된 생각은 이렇다. (순전히 개인적인 판단이긴 하지만) 이를테면 LA 지역 사람들은 형식에 얽매이는 것을 싫어하고 자유분방하며, 개인적인 성향이 훨씬 강해 보였다. 대신 뉴욕의 한인들은 좀 더 격식을 중시하고, 남의 일에도 관심이 많은 것 같다.

정치적 성향에 있어서도 LA 지역 한인들은 훨씬 진보적이고, 사회적 변화에 대한 수용의 폭도 넓다는 인상을 받았다. 반면에 뉴욕 지역 한인들은 좀 더 보수적이어서 옛것을 고집하려는 측면이 더 강하다는 느낌이 들었다.

공통점이 있다면 양쪽 모두 자기 지역에 상당히 애착이 강하다는 것이다. 워낙 자기가 사는 지역에 대해 강한 애정을 보이는 것은 농경 문화에 뿌리를 둔 한국 민족의 오랜 기질적 특성이다. 놀랍게도 그런 특성이 미국에 와서도 그대로 발현되고 있음을 본 것이다.

LA 사람은 LA가 최고인 줄 안다. 기후도 너무 좋고, 한국과 미국의 장점을 모두 누릴 수 있어서 너무 편하다는 것이다. 뉴욕 사람들도 이에 지지 않는다. 사계절이 뚜렷해서 살기 좋고, 경제 · 문화 · 교육의 중심지로서 누릴 게 너무 많다며 맞선다.

LA 지역 한인들은 LA를 미국의 서울쯤으로 여기면서 다른 지역을 (심지어 뉴욕까지) 시골쯤으로 생각하는 것도 재미있었다. 당연히 LA로 사람과 돈이 몰리고, 발전 속도 또한 빠를 수밖에 없다는 것이다. 한국을 떠나 온 마당에 다시 한인들끼리 복닥거리는 게 싫어서 그곳을 떠나는 사람도 있긴 하지만, 어쨌거나 일리가 있다 싶었다.

내 주변에도 LA에서 온 분들을 만나면 뉴욕에 살면서도 늘 그곳을 그리워하는 사람들이 많다. 마찬가지로 뉴욕에서 살았던 사람들 역시 어디를 가든 이곳을 못 잊어 한다. 그런 게 첫 정일까?

처음 뿌리를 내리고 살았던 곳은 단순히 추억의 차원을 넘어 유전자 속에까지 깊이 새겨지는 모양이다. 나만 해도 고향인 부산에서 살았던 것보다 훨씬 긴 세월을 서울에서 살았지만 한 번도 서울 사람이라 여겼던 적은 없었다.

미국에서도 마찬가지일 것이다. 처음 터를 잡고 살았던 곳이 뉴욕이니 미국에 사는 한은 어디를 가든 나는 뉴욕에서의 경험을 잊지 못할 것이다. 내가 부산 사람이라는 꼬리표를 수십 년 달고 다녔지만, 그게 싫증나지 않았듯 뉴욕 출신이라는 꼬리표 또한 언제까지나 싫지가 않을 것 같다.

성씨의 고향

_ 천년이 지나도 변치 않을 뿌리의식

미국에서도 자기 성씨의 유래와 조상들의 행적을 찾는 뿌리 찾기가 크게 붐을 이루었던 적이 있다. 「뉴욕타임스」가 조사한 바에 따르면 미국의 인터넷 뉴스 그룹 게시판에서 접속 빈도가 가장 높은 사이트는 가계나 족보에 관련된 것이 섹스 사이트에 이어 2위로 올랐다는 것이다. 또한 자신의 조상이 누구인지, 그리고 조상의 생전 행적이 어떠했는지를 찾아주는 사업도 성업 중이라고 한다.

그러나 뿌리에 대한 관심만큼은 한국인을 따라갈 민족은 없을 것이다. 내 핏줄에 대한 집착, 내 조상에 대한 숭배에 있어서 한국인만한

민족이 어디 있겠는가. 핵가족 문화가 확산되면서 친인척간의 교류가 예전 같지는 않다지만 그래도 종친회 활동은 여전히 활발하고, 인터넷에도 족보나 성씨 관련 사이트가 넘쳐 나고 있다.

현재 중국에는 3,500여 개의 성씨가 있다고 한다. 최근 중국과학원이 발표한 바에 따르면 그중 이李씨가 가장 많아 전체 인구의 7.9%인 9,100만 명이나 된다. 또 왕王씨가 7.4%, 장張씨가 7.1%로 그 뒤를 바짝 따르고 있다. 전체 12억 인구 중 이들 세 성씨만 22.4%인 2억7천만 명에 이르는 셈이다. 그 밖에 유劉, 진陳, 양楊, 조趙, 황黃, 주周씨 등이 10대 성씨에 들어가 있다.

일본의 성씨는 중국보다 훨씬 더 복잡하고, 종류도 10만 개가 넘는다. 글자 수로는 두 글자 성이 보통인데, 한 글자로 되어 있는 것도 있고, 세 글자 성도 많다. 가장 많은 성은 사토佐藤이고, 두 번째가 스즈키鈴木, 세 번째가 다카하시高橋다. 그 뒤를 다나카田中, 와타나베渡辺, 이토伊藤가 잇고 있으며, 고바야시小林, 나카무라中村, 야마모토山本도 흔한 성씨다.

중국이나 일본에 비하면 한국의 성씨는 그리 많은 편이 아니다. 조선시대의 각종 문헌에 나타난 성씨를 종합해 보면 대략 250개 내외였다. 최근의 통계로는 1985년 인구센서스 때 조사된 것이 있는데, 이에 따르면 한국의 성씨는 모두 272개가 있으며, 본관本貫은 3,435개였다. 인구수로는 김 · 이 · 박 · 최 · 정씨 순이고, 이들 5개 성씨가 전체 인구의 절반 이상을 차지하고 있다.

한국인의 성씨는 중국의 한자문화가 유입된 뒤인 삼국시대 이후부터 사용된 것으로 보는 것이 일반적이다. 고구려 시조 주몽의 성 고高씨나 신라 왕족 박朴씨, 석昔씨, 김金씨, 그리고 신라 6부六部 촌의 성씨였던 이李, 정鄭, 손孫, 최崔, 배裵, 설薛씨 등이 모두 삼국시대부터 있었던 성씨다.

그러나 일반 백성들에게까지 성이 보편화 된 것은 고려 이후였다. 고려 태조 왕건이 개국공신들과 지방 토호 세력들을 통합, 관장하기 위하여 성을 하사하면서 귀족들을 중심으로 먼저 성씨가 쓰이게 되었던 것이다. 현재 각 성씨의 시조들을 보면 고려 초기의 사람들이 많은 것도 그 때문이다.

필자의 본관인 벽진碧珍 이李씨의 경우도 태조 왕건을 도와 고려 개국에 크게 공헌했던 벽진장군 이총언李悤言이 시조인데, 이 분 역시 그 때 성을 하사받았다. (나는 이 할아버지의 34대손이다.)

조선시대에 들어와서는 대부분의 양민들이 성과 본관을 가졌으나 노비와 천민 계급은 조선 후기까지도 여전히 성을 쓸 수가 없었다. 그러다가 20세기에 들어와 1909년 새로운 민적법民籍法이 시행되면서 모든 한국인이 빠짐없이 성과 본을 취득하게 되었다.

서양에서는 고대 로마시대 때부터 성씨가 있기는 했지만, 일반 평민들에게까지 사용된 것은 고려 초기보다 100년 이상 뒤인 12~13세기 무렵부터였다. 영국의 평민들은 12세기 이후에야 이름에 성을 붙여 쓰기 시작했고, 독일도 13세기가 되어서야 성씨의 사용이 보편화 되었다고 한다. 프랑스에서는 1804년 나폴레옹 법전에서 비로소 성씨의 사용을 의무화했다는 기록이 있다.

성씨의 기원을 보면 지형이나 출신지, 직업에 따른 것이 많다는 점에서 동서양이 비슷하다. 일본인의 성을 보면 밭 가운데 살았다고 해서 田中(다나카), 산 어귀에 사는 사람은 山口(야마구치), 마을 한가운데 살던 사람은 中村(나카무라) 등으로 지형이나 지명을 따서 지은 성이 전체의 80%를 차지한다.

서양도 크게 다르지 않아 스미스Smith는 대장장이, 밀Mill은 방앗간 주인, 슈만Schumann은 제화공, 베이커Baker는 제빵공 등 직업에서 유래된 성씨가 많다. 그렇게 보면 미국 대통령이었던 부시Bush 가문의 시조도 숲속의 산지기 같은 직업과 관계가 있지 않았을까 싶다.

직업과 스트레스

_ 어떤 일을 해야 오래 살까?

어떤 직업이 스트레스를 가장 많이 받는 직업일까? 미국의 『직업평가연감Job's Rated Almanac』(2000년판)에 따르면 조사 대상 250개 직종 가운데 스트레스를 가장 많이 받는 직업은 의외로 대통령이었다. 외과의사, 택시 운전사, 소방관 등도 스트레스가 많은 직업으로 꼽혔다. 반면에 의료 기록 관리자, 경비원, 꽃 판매상, 악기 수리상 등은 상대적으로 스트레스를 적게 받는 직종으로 나타났다.

그러나 어떤 직업이든 정도의 차이는 있을지언정 스트레스가 없는 직업은 없다. 다만 사람의 성격에 따라 더 받고 덜 받고의 차이가 있을 뿐이다. 의사들에 따르면 심장병, 암, 당뇨병, 고혈압, 과민성 대장 증후군, 천식, 소화성 궤양, 비만, 우울증, 수면장애, 신경성 피부염, 뇌졸중 등이 모두 스트레스와 관련이 있다고 한다. 특히 심장병은 75%가 스트레스와 관련이 있는 것으로 알려졌는데, 일에 욕심이 많고 꼼꼼하며, 경쟁적 · 공격적 성격인 경우에는 그 위험이 더 크다고 한다. 어쨌든 이쯤 되면 현대인들에겐 스트레스야말로 만병의 근원인 셈이다.

스트레스는 수명과도 관계가 깊다. 원광대 김종인 교수는 매년 주요 신문 부음 기사에 나타난 저명인사 수천 명을 대상으로 '직업별 평균 수명'을 조사해 발표하고 있다. 이에 따르면 목사나 스님 등 종교인이 79세로 평균 수명이 가장 높았으며, 수명이 가장 짧은 직업은 언론인으로서 65세였다. 종교인 다음으로 오래 사는 직업은 연예인과 정치인이 73세, 교수는 72세, 관료 및 기업인은 71세, 법조인은 70세, 예술인은 69세, 체육인은 67세, 문학인은 66세인 것으로 나타났다.

종교인들이 대체로 오래 사는 것은 정신적 잡념과 스트레스를 받는 생활 요인이 덜하기 때문일 것이다. 그렇다면 언론인들의 단명은 무슨 이유일까? 20년 넘게 신문사에서 일한 내 경험으로 본다면, 언론인들은 낙종과 오보 등과 관련해 일반인들이 상상하는 것 이상의 스트레스를 받기 때문이 아닐까 싶다. 또한 불규칙한 생활에 따른 건강상의 스트레스도 보통이 아니다. 게다가 한국 언론인들의 음주, 흡연 비율은 또 얼마나 높은가.

그러나 한 가지 흥미로운 것은 스트레스라고 해서 다 나쁜 것은 아니라는 사실이다. 심신의학 연구로 평생을 바쳤던 캐나다의 한스 셀리Hans Selye 박사는 스트레스에는 두 가지가 있음을 밝혀냈다. 사람의 심신을 병들게 하는 '역기능적 스트레스Distress'가 있는가 하면, 심신에 자극을 주어 더 나은 상태를 유지할 수 있게 하는 '순기능적 스트레스Eustress'도 있다는 것이다.

이를테면 입시를 준비하는 학생들에게 매월 모의고사를 치르게 했을 때 이 시험을 효과적인 시험 준비 과정의 하나라고 긍정적으로 받아들이고, 여기서 오는 정신적인 자극을 통해 새로운 도전의식을 불러일으키는 학생이 있다면 이는 순기능적 스트레스에 해당된다. 반대로 이런 입시 준비 과정을 견디기 어려운 정신적, 육체적 고통으로 받아들이는 것은 역기능적 스트레스라고 할 수 있다. 따라서 같은 스트레스라고 해도 받아들이는 사람의 마음가짐에 따라 얼마든지 달라질 수 있다는 게 셀리 박사의 충고다.

미국에 와서 자동차를 두 번 구입하면서 알게 된 친구가 있다. 그를 통해 자동차 딜러라는 직업 역시 많은 스트레스에 시달린다는 것을 알게 되었다. 그의 말에 의하면 가장 괴로운 것은 나름대로 최선을 다해 고객을 응대하지만, 사람들은 자동차 딜러를 어떻게든 눙치고 얼러서 차만 팔아먹으려는 사기꾼 비슷한 사람으로 여길 때라고 했다. 그런가 하면 며칠씩 상담을 하며 이것저것 필요한 정보만 챙겨 놓고는 미안하다는 말 한마디 없이 다른 곳에서 차를 사는 경우도 흔하다고 한다. 물론 각자의 형편과 사정에 따라 그럴 수 있다는 것을 이해는 하지만, 그럴 때는 정말이지 직업에 대한 회의와 함께 사람이 싫어진다고 한다.

그의 얘기를 들으며 세일즈 일을 하고 있는 아내를 떠올렸다. 시시콜콜 말은 않지만 아내가 하는 일 역시 사람을 상대로 무엇인가를 팔아야 하는 일인 만큼, 분명 이 친구와 비슷한 스트레스를 받고 있을 것이기 때문이다. 그렇다고 세일즈 분야에는 문외한인 나로서는 특별히 도움을 줄 일도 없어 이렇게 장황한 스트레스론이나 펼치고 있다.

바라건대 우리 모두가 세상일에 스트레스 없는 일은 없다는 사실을 인정하고, 셀리 박사가 충고한 것처럼 같은 스트레스라도 '순기능적'으로 활용할 줄 아는 지혜를 빨리 익혔으면 싶다.

내 눈을 의심했다

_ 700년 만에 핀 '고려연꽃'

한국인들에게 연꽃은 무척이나 친근한 꽃이다. 불교문화 때문에 익숙해진 탓도 있고, 『심청전』이나 『춘향전』 같은 고전 속에서도 쉬 만나는 꽃이 연꽃이기 때문일 것이다. 연꽃처럼 물과 어우러진 꽃은 서양에서도 널리 사랑을 받았다. 뉴욕 현대미술관에서 관람객들의 발길이 가장 많이 머무는 작품도 모네가 말년에 그린 대작 「수련」이라고 한다.

그런데 알고 보면 연꽃과 수련은 비슷하지만 완전히 다른 꽃이다. 수련은 잎이 수면에 떠 있는 부엽식물이지만 연꽃은 잎이 물 위로 쑥 올라와 있다. 수련 잎은 물에 잘 젖지만 연꽃은 강한 발수성으로 물방울이 투명한 구슬처럼 또르르 굴러다닌다. 또한 연꽃은 뿌리인 연근과 씨앗을 약용으로도 먹을 수 있지만, 수련은 먹을 수 없다는 점도 다르다. 더 큰 차이점은 꽃이다. 물 위로 꽃봉오리만 살짝 내밀고 피는 수련 꽃은 꽃잎이 작고, 수가 많으며, 색깔이 화려하다. 반면에 연꽃은 수면 높이 피며, 빛깔도 훨씬 단아하고 은근하다.

중국 송나라 때의 유학자 주돈이(周敦頤, 1017~1073)는 자신의 작품 『애련설愛蓮說』에서 연꽃의 우아함을 이렇게 읊고 있다.

진흙에서 났지만 더러움에 물들지 않고
맑은 물에 씻기어도 요염하지 아니하며
속은 비고 밖은 곧되 덩굴도 가지도 치지 않는다.

향기는 멀리 갈수록 맑으며
우뚝 서 있는 모습은 멀리서 보아야 참맛을 느끼게 하니
정녕 꽃 가운데 군자로다.

연꽃 이야기를 장황하게 늘어놓게 된 것은 내 눈을 의심케 하는 뉴스를 접했기 때문이다. 2009년 경남 함안 아라가야 산성 터에서 발견된 고려시대 연꽃 씨앗이 700년 만에 싹을 틔우고 꽃을 피웠다는 것이다. 연꽃의 부활을 전하는 당시의 신문기사는 지금 다시 읽어도 여전히 감동적이다.

아침 햇살이 살갗에 와 닿자 분홍색의 뾰족한 꽃봉오리는 생명력을 분출하기 시작했다. 단단하게 붙어 있던 꽃잎 중 하나가 살짝 몸을 젖혔다. 그게 시작이었다. 꽃잎들이 하나하나 떨어져 나갈 때마다 봉오리는 미세하게 부풀었다. 예민한 눈으로 보지 않으면 알아채기 힘든 신비한 개화! 숨죽이며 지켜보는 눈길들이 부끄러운 듯 봉오리는 쉽사리 몸을 열지 않았다. 그러기를 네 시간 여. 마침내 연꽃은 700년 세월을 뛰어넘어 꽃잎을 모두 벌리고 만개했다.

꽃망울을 터뜨리는 순간 함안박물관 뜰에 가득했을 긴장감과 설렘은 지금까지도 생생하다. 그날 이후 인터넷도 난리였다. 고려 연꽃의 부활을 전하려는 네티즌들은 부지런히 사진도 퍼 날랐고, 나는 신기함을 넘어 경외감으로 그 사진들을 바라봤다.

과연! 고려 불화나 옛 연등 같은 데서 봐 오던 바로 그 꽃이었다. 고졸하고 단출하며 청초한 빛깔. 꽃잎 끝에 은은하게 감도는 붉은 기운은 화려하지 않으면서도 도도했고, 기품이 넘쳤다. 이제 그 연꽃은 '아라홍련阿羅紅蓮' 이라는 이름으로 불린다. 씨앗이 출토된 지역이 고대 아라가야의 중심지였기 때문이다.

연꽃의 꽃말은 순결 청순한 마음이다. 또 '아무 것도 없다' 는 '무無' 의 뜻도 있다. 그래서 어떤 이는 빈손으로 왔다가 빈손으로 가는 인생을 연꽃에 빗대기도 했다. 그렇지만 고려 연꽃의 부활을 보니 그렇지가 않은 것 같다. 그 긴 세월을 견디고 이렇게 다시 꽃을 피워 냈는데, 어찌 아무 것도 없단 말인가!

문득 우리의 말과 행동도 어느 것 하나 그냥 땅에 떨어져 묻히고 마는 것은 없겠다는 생각이 든다. 700년 만에 다시 피어난 연꽃처럼, 우리의 자취 또한 10년 뒤 100년 뒤 그렇게 드러나지 말라는 법은 없을 테니까 말이다. 인생은 빈손으로 왔지만, 빈손으로 가는 것은 결코 아니다.

'녹색 영토' 그리고 유쾌한 상상

_ 중남미 땅을 사들이는 한국

인도양에는 1,192개의 산호섬으로 이루어진 '몰디브'라는 나라가 있다. 그림 같은 풍광으로 아름다운 이 나라는 연간 수십억 달러의 관광 수입을 올릴 정도로 유명한 세계적인 휴양지다. 그러나 국가적인 고민이 있다. 가장 높은 지점이 해발 2미터에 불과하기 때문이다. 지구 온난화에 따른 해수면 상승으로 수십 년 내에 국토 전체가 바닷물 속으로 사라질 위기에 처해 있는 것이다. 그래서 외국에 땅을 사서 나라 전체가 이주하는 방안을 추진하고 있다고 한다. 최근에는 인도네시아와 구체적인 협상에 들어갔다는 보도도 있었다.

역사적으로도 국가 간에 영토를 사고파는 것이 드문 일은 아니었다. 대표적인 것이 알래스카다. 미국 본토의 5분의 1에 해당하는 이 땅을 1867년 당시 미국 국무장관이던 윌리엄 스워드는 단돈 720만 달러에 매입했다. 매도자는 제정 러시아. 1에이커에 고작 2센트 꼴이었다. 지금 생각하면 러시아로서는 땅을 칠 노릇이었다.

토머스 제퍼슨이 1803년 프랑스로부터 사들인 루이지애나도 마찬가지다. 당시 프랑스령 루이지애나는 지금 미국 중남부 15개 주가 포함된 전체 미국 영토의 23%에 해당하는 광활한 땅이었다. 미국은 이 땅을 매입하는데 겨우 1,500만 달러를 나폴레옹에게 지급했을 뿐이다. 에이커당 가격은 3달러 수준이었다.

요즘은 아프리카나 중남미의 땅이 다국적 기업들에게 헐값에 대거 팔리고 있다. 최근 5년간 가나, 에티오피아, 마다가스카르, 수단 등지에서 외국에 팔린 토지는 영국의 전체 경작지 규모와 맞먹는 250만 헥타르라고 한다. 글로벌 기업 네슬레는 혼자서 이탈리아의 국토 절반에 해당하는 1,500만 헥타르의 토지를 사들였다는 통계도 있다.

해외 국가의 토지를 매입하기 위해 한국 기업들도 뛰고 있다. 지금까지 매입한 땅은 러시아, 멕시코, 인도네시아 등지에 여의도 면적의 1,000배가 넘는 3만 헥타르 정도라고 한다. 이들 땅은 목재나 펄프를 얻기 위한 조림사업, 바이오 에탄올 같은 대체 에너지를 얻기 위한 작물 재배에 주로 이용되고 있다.

부자 나라의 해외 땅 매입이 제국주의 시대의 영토 확장과는 분명 차이가 있다. 그래도 일각에선 신식민지 제국주의라는 비난이 일고 있는 것도 사실이다. 그럼에도 진출국의 입장에서는 나라의 지경地境을 해외로 넓힌다는 점에서 의미는 각별할 수밖에 없을 것 같다.

한국 정부가 중남미 우루과이나 파라과이에 대규모 땅을 매입해 조림지를 조성할 것이라는 기사(중앙일보, 2009년 11월 10일자)가 보도된 적이 있다. 이산화탄소 배출권 확보를 위한 장기 포석으로, 이른바 '녹색 영토'를 만든다는 것이다.

지금 세계는 '기후변화협약'에 따른 온실가스 감축이 절대 관심사가 되고 있다. 이산화탄소 배출량이 많은 나라는 이산화탄소 배출 자체를 줄이거나 배출량이 적은 국가로부터 여분의 권리를 사야 한다. 이것이 이산화탄소 배출권이며, 국가 간의 거래가 이루어지면서 무형의 국가 자산으로 급부상하고 있다. 한국 정부가 해외에 녹색 영토를 만들겠다는 것도 바로 이러한 국가 자산을 미리 확보하자는 장기 투자인 것이다.

그동안 한국이 모든 정책에 얼마나 근시안적이고 조급했던가를 생각하면, 이번 프로젝트는 20~30년을 내다본 장기 프로젝트라는 점에서 한국의 변화를 보여주는 대표적인 예라 할 수 있겠다. 결과적으로는 중남미 지역에 사실상 한국 영토가 생기는 것이니 더욱 고무적인 일이다.

정치와 이념을 빼면 대한민국은 정말로 대단한 나라다. 끊임없이 무엇인가를 생각하고 만들어 낸다. 그런 점에서 중남미 녹색 영토 사업을 단순히 나무만 심는 조림 사업에만 머물게 할 것 같지는 않다. 혹시 또 아는가? 100년쯤 뒤의 세계지도에는 중남미에도 대한민국 영토가 당당하게 표시되어 있을지…….

싫다, 밉다, 그렇지만…

_ 일본을 향한 한국인의 쓴 뿌리

한일 대항전이 열릴 때 응원석에서 혼자 일본을 응원하면 어떻게 될까? 지난 세계야구선수권대회WBC가 열렸을 때, 어느 TV 방송에서 몰래카메라로 실험을 했다고 한다.

서울역 앞 광장 길거리 응원 현장. 한 남자가 일장기를 꺼내 들고 일본을 응원하기 시작한다. 군중들은 처음에는 의아하게, 나중에는 불편한 표정으로 그를 지켜본다. 마침내 한 사람이 다가가 시비를 건다. 그러자 기다렸다는 듯 다른 사람들도 동시에 달려든다. 자칫 봉변이라도 당할 상황. 결국 남자는 견디지 못하고 자리를 뜬다.

실험이기는 했지만 이것이 우리들의 모습이다. 그렇다면 지난 월드컵에서 한국 팀의 선전을 줄곧 응원한 일본을 어떻게 봐야 할까? 한류스타 박용하의 급작스런 죽음에 일본 팬들이 그토록 슬퍼했다는 것은 또 무엇일까? 우리의 눈높이로는 쉽게 이해가 가지 않는다. 자신을 그토록 미워하는 경쟁국에 대해 어떻게 그처럼 우호적일 수 있을까?

지난 월드컵에서 일본의 16강전을 지켜보며 우리는 아주 묘한 경험을 했다. 파라과이와의 승부차기를 지켜보면서 그래도 일본을 응원해야 하는 것 아닌가 하면서도 일본의 실축에 환호하는 이중적인 모습에 스스로 놀랐던 것이다. 같은 아시아 국가로서 일본이라도 8강에 오르기를 바라는 마음도 있었지만, 가슴 밑바닥까지 진심으로 그것을 원하지는 않았다는 말이다. 머리 따로, 가슴 따로였다고나 할까.

이런 심리는 한국인의 유전자 속 깊숙이 각인된 '쓴 뿌리' 때문이라고 밖에 해석할 길이 없다. 고려 말부터 횡행했던 왜구의 노략질, 임진왜란과 정유재란을 겪으며 무참히 유린당했던 국토, 그리고 1910년 강제 합병과 이어진 35년간의 모진 수탈과 억압. 켜켜이 쌓인 이런 응어리들이 '반일反日 DNA' 라는 쓴 뿌리가 되어 민족의 집단 감정으로 자리 잡은 것이다. 다른 어떤 나라에는 져도 참겠지만, 일본만큼은 이겨야 한다는 경쟁심도 결국 대물림되어 온 이런 상처 때문일 것이다.

그런데 앞선 자의 여유인지 일본은 그렇지가 않은 것 같다. 우리가 생각하는 것만큼 한국을 경쟁적으로 생각지도 않고, 적대감도 덜해 보인다. 오히려 의아하리만치 한류에 열광하고 한국문화에 우호적이다.

그러나 국교 회복 반세기가 지났지만 우리는 그렇지가 못하다. 삼성이 소니를 따라잡고, 김연아가 아사다를 물리치긴 했지만 여전히 일본이 싫고, 밉고, 부담스럽다. 아직도 극복하지 못한 열등감이고, 씻어 내지 못한 피해의식이라 해도 그것이 어쩔 수 없는 우리의 모습이다.

도대체 이런 응어리는 어떻게 해야 풀릴까? 일본이 침략의 과거사를 백배사죄하고 머리 조아려 온다면 될까? 위안부와 강제 징용에 대해 사죄와 보상을 하고, 독도에 대한 생트집도 더 이상 부리지 않겠다고 약속한다면 용서가 될까? 그럴 리도 없겠지만, 설령 그렇게 한다고 하더라도 앙금이 완전히 가실 지는 의문이다.

그렇다면 방법은 하나다. 우리가 먼저 일본에 대한 과잉 감정부터 다스리는 것이다. 더 이상 일본을 특별한 관계의 눈으로가 아니라 다른 여러 나라들처럼 그냥 있는 그대로 보는 것이다. 무턱대고 미워하고 증오할 게 아니라, 좋은 것은 좋게 나쁜 것은 나쁘게 객관적으로 보는 연습을 하는 것이다.

2009년 2월 선종한 김수환 추기경은 사랑하고 용서하는 마음이 머리에서 가슴까지 내려오는 데 평생이 걸렸다고 했다. 아마 민족 간의 용서는 훨씬 더 긴 세월을 필요로 할 것이다. 그렇지만 우리가 노력한다면 한일 양국이 더 좋은 이웃으로 살아갈 날을 조금은 더 앞당길 수 있을 것이다.

우리는 할 수 있다. 여러 부문에서 우리는 이미 일본을 의식하지 않아도 될 만큼 강한 나라, 멋진 민족을 이루어 내지 않았는가.

한국말이 그렇게 어려운가?

_ 영어 만능 시대의 그림자

전 세계 인구 가운데 영어를 모국어로 사용하는 나라가 70개국이나 되고, 제 2외국어로 사용하는 사람도 7억8천만 명에 달한다. 그렇지만 역설적이게도 영어의 본고장인 미국에서는 영어가 공식 언어가 아니다.

지금 미국에는 다양한 출신의 이민자들만큼이나 많은 언어가 사용되고 있다. 그 중에서도 특히 LA나 뉴욕은 영어 한 마디 몰라도 얼마든지 살아갈 수 있는 도시다. 2000년 센서스에서도 나타났듯이 뉴욕의 백인 숫자는 이미 50%가 안 된다. 반면 흑인을 제치고 미국 내 최대의 소수계로 떠오른 히스패닉이나 중국, 인도 등 아시아계 이민자들의 수는 비약적으로 늘어났다. 이들은 자기 민족끼리 신문도 발행하고, 방송국도 소유하면서 독자적인 커뮤니티를 형성하고 있다. 그들만의 언어만 쓰면서도 얼마든지 살아갈 수 있게 된 것이다. 물론 우리 한인들도 그중의 하나다.

하지만 미국 땅에 이렇게 다양한 언어가 창궐(?)하고 있는 작금의 현실을 보는 주류 미국인들의 심사는 그리 편치만은 않은 모양이다. 영어를 공식 언어로 채택해 정부기관이나 학교에서는 영어 이외의 언어는 쓰지 못하게 해야 한다는 주장이 끊임없이 제기되고 있는 것도 그 때문이다. 영어 공용화론자들의 주장은 이렇다.

"미국이란 사회는 처음부터 다양한 이민자들로 이루어진 복합 사회다. 이들 이민자들은 서로 다른 언어와 문화, 관습 등을 가지고 있으므로 미국이 하나로 통합되기 위해서는 무엇인가 공통점이 있어야 하는데, 그게 바로 영어다. 지금처럼 영어 따로 자기 모국어 따로 쓰는 상황이 지속된다면 미국이라고 해서 캐나다의 퀘벡처럼 분리 독립의 갈등에 휘말리지 말라는 법이 있는가."

영어 공용화론자들의 이런 주장은 1999년 1월 미국 연방대법원이 일부 주 정부의 영어 공용어 채택 움직임에 대해 위헌이라며 쐐기를 박은 후 잠시 주춤해진 상태다. 대신 다중언어 정책을 계속 지켜 나가야 한다는 주장이 힘을 얻고 있다. 공립학교의 다중언어 교육을 위해 더 많은 예산을 배정한다거나 영어를 모르는 사람들을 위해 따로 투표용지를 마련한다는 방안이 그것이다. 뉴욕이나 LA에서 한국 이민자들이 한국어로 운전면허 시험을 볼 수 있는 것도 이런 정책의 산물이다.

다중언어 옹호 정책의 이면에는 이민자들로 출발한 미국이 이렇게까지 성장한 것은 그들의 다양성을 존중해 온 결과라는 인식이 짙게 깔려 있다. 이민자들의 문화적 특성과 민족적 다양성을 그대로 살려줌으로써 미국이라는 다양성의 스펙트럼을 조화롭게 이루어 낼 수 있다는 것이다. 그러나 논쟁의 경위야 어떻든 현실적으로 영어를 몰라서는 미국에서 살아가기가 불편한 것은 사실이다. 한국어 방송을 보고, 한글로 된 신문을 읽고, 한국 사람끼리 일하며 살더라도 영어를 모르고서는 제대로 미국을 안다고 할 수가 없고, 온전히 대접을 받을 수도 없다. 그래서인지 한국 사람들은 유달리 영어에 집착을 한다.

지금은 한국의 위상이 많이 높아져 거의 대부분의 부모들이 자녀들에게 한국말을 가르쳐야 한다고 생각하고 있지만, 10여년 전만 해도 자녀들에게 모국어를 가르칠 필요가 없다고 생각하는 한국인 부모는 40%나 되었다고 한다. 이런 부모들은 대부분 본인이 영어에 한이 맺혀 있는 경우가 많고, 그래서 집에서 조차 한국말을 못 쓰게 한다고 한다. 어차피 미국 시민으로 살아갈 바에야 처음부터 영어만 해도 제대로 따라가기 힘든 판에 굳이 힘들게 한국말을 배울 필요가 있겠느냐는 것이다.

내가 살던 뉴욕의 어느 교회 주일학교 졸업식 때 있었던 일이다. 고등학교나 대학교를 졸업하고 상급 학교로 진학하는 학생들을 축하하고, 그들에게 장학금을 주는 순서였다. 그 자리에서 몇 명의 학생들이 감사 소감을 말했는데, 1.5세 1명을 빼고는 모두 영어로 말했다. 순간 영어보다 한국어가 익숙한 교인들의 얼굴에는 당혹스러운 표정이 역력했다. 한국 사람끼리 모이는 모임에서 조차 한국말보다는 영어가 더 자연스러운 모습, 이것이 한인 2세들의 현주소였다. 그리고 많이 나아졌다고는 하지만 지금도 크게 다르지 않다.

모국어를 안다는 것은 단순히 영어 외에 하나의 언어를 더 구사하게 한다는 것 이상의 의미가 있다. 좀 더 거창하게 말한다면 민족의 얼과 정신이 서린 한국어는 한인 이민자들의 정체성과 동질성을 유지시켜 주는 최고의 수단이자 최후의 보루다. 한국 사람은 어디에 살든 한국어를 통해 하나임을 확인하고, 같은 민족으로서의 유대감과 일체감을 느낀다. '화교' 라는 이름으로 세계 각국에 흩어져 살고 있는 중국인들은 몇 대가 지나도 그들의 말과 글을 잊지 않고 대대로 물려준다. 2000년 이상 나라 없이 떠돌아 온 유대인들도 그들만의 신앙과 교육 방식만은 간직하며 살아왔다.

1960년대에 흑인 민권 운동을 이끌었던 한 흑인 지도자는 미국 흑인들의 역사에서 가장 안타까운 일은 그들의 언어를 잊어버린 일이라고 지적했다. 자기들의 언어가 없으니 그들의 민족혼이 있을 리 없고, 그들만의 정체성을 찾기도 더 힘들다는 것이다. 100년이라는 그리 길지 않은 미국 이민 역사를 가진 우리가 그들의 전철을 밟을 수는 없지 않겠는가.

한국의 맛을 세계로

_ 한식 세계화! 구호로만 잘 될까?

한국 사람이 절대로 못 바꾸는 것이 있다. 바로 음식이다. 말이 바뀌고 풍습이 달라져도 음식만은 여전히 우리 것을 고집한다. 이명박 정부 들어 범국가적으로 추진된 한식 세계화 운동의 근저에는 우리 음식에 대한 이런 자부심이 깔려 있다. 이렇게 좋은 음식을 우리만 먹을 게 아니라 외국인도 함께 즐기게 하자는 것이다. 문화를 알리고, 나아가 개인과 국가 경제에 도움이 되면 좋겠다는 생각은 그 다음이다.

요즘은 한국 사람이면 누구나 우리 음식의 세계화를 얘기한다. 실천 방법론도 쏟아진다. 그러나 기본은 하나다. '세계화'라는 게 단순히 음식을 많이 파는 게 아니라 고급 문화상품을 만든다는 시각으로 접근해야 한다는 것이다.

태국은 2001년부터 태국 음식의 국제화라는 기치 아래 '글로벌 타이 레스토랑' 프로젝트를 추진했다. 정부 주도하에 전문학교를 세워 인력을 양성했고, 조리법을 표준화했다. 그에 따른 투자도 많이 이루어졌다. 그 결과 태국 음식은 해외에서 알아주는 유명 음식이 되었다.

우리도 배워야 한다. 외국인의 성향과 기호를 조사하고, 우리의 전통은 살리면서 현지화, 퓨전화도 모색해야 한다. 그리고 그 첫걸음은 영문 메뉴 표기법의 통일이어야 한다. 예를 들어, 불고기를 'Bulgogi'라 정해 놓고 Pulgoki, Bulkogi, Bulgoki 등으로 혼용해서는 안 될 일이다. 갈비는 'Galbi'인데 Kalbi, Kalbee 등으로 쓰거나 심지어 일본식 발음으로 'Karubi'라고 쓴 곳도 있었다. 김밥은 'Gimbap(Dried Seaweed Rolls)'이어야 하는데, 'Korean Sushi'라고 쓴 것은 또 뭐란 말인가.

영어 단어는 철자 하나 틀리면 그렇게 부끄러워하면서 이런 것은 아무렇지도 않게 여기는 자세부터 바꿔야 한다. 표기법을 만들기만 해서는 소용이 없다.

물론 어제 오늘 나온 이야기는 아니다. 이미 많은 이들이 관심을 쏟았고, 사업도 벌였다. 하지만 의욕만큼 성과는 미흡했다. 대부분은 민간 차원에서 개별적으로 추진됐기 때문에 추진력이 약했고, 파급 효과도 미진했던 탓이다. 그러다가 정부가 나서면서 새롭게 활력을 띠기 시작했다.

2010년 들어 정부 주도로 한식 세계화를 추진하면서 해외 홍보, 해외 식당 개설 지원 등 어느 때보다 다양한 사업이 전개되고 있다. 그 전에 이미 '한식 세계화 추진위원회' 가 발족되었고, 영부인 김윤옥 여사가 명예위원장을 맡아 힘을 보탰다. 게다가 관련 실무를 총괄하기 위한 '한식재단' 까지 출범했다.

미국에 살고 있는 동포 사회에서도 뉴욕 중심의 '한식 세계화 동부 추진위원회' 가 발족되었고, 얼마 지나지 않아 LA를 중심으로 한 서부 지역 추진위도 공식 출범했다. 물론 한국 정부나 유관 기관의 입김과 의지도 작용했다. 그렇다 하더라도 지역 요식업계의 유지들이 추진위 임원이나 이사로 대거 참여하고 있다는 점에서 향후 활동에 기대를 갖게 한다.

추진위는 출범에 앞서 표기법 통일이나 표준 조리법 개발, 전문인력 양성을 위한 한식 조리사 교육 등을 사업 목표로 정했다고 한다. 또한 한식문화 확산을 위한 홍보 및 한국산 식재료 공동 구매 등을 추진할 계획이라고 한다. 하지만 이런 사업들은 그동안에도 논의가 무성했던 것들이다. 그리고 대부분은 구호에 머물러 있는 것들이기도 했다. 때문에 추진위가 이를 똑같이 되풀이해서 사업 목표로 들고 나왔다는 점은 아쉬움이 있다. 그것 보다는 목적과 활동 방향을 좀 더 구체적이고 실현 가능한 쪽으로 좁혀 보면 어떨까 싶다.

우선 추진위가 가장 주력해야 할 일은 한국 정부의 정책들이 탁상공론이 되지 않도록 해외 현장의 목소리를 확실히 모으고 전하는 일이다. 또 각 업소의 한식 세계화 성공 사례를 모으고 공유하면서 실전적인 경험들을 나누어 갖는 것도 좋겠다. 그래서 매일 외국인들을 접하는 한국 식당들이 그들에게 좀 더 효과적으로 다가갈 수 있는 방법을 찾아주는 것이다.

홍보 사업도 막연한 대상으로 할 것만은 아니다. 한국 식당들이 미국 각 도시의 위생국으로부터 가장 많이 지적받는 것이 음식 보관 온도라고 한다. 그런 만큼 한국 음식의 특징과 보관 문화를 당국에 적극 알림으로써 음식 온도 때문에 불이익을 당하지 않도록 해 주는 것도 추진위가 잘 할 수 있는 일이다.

이런 일들을 하자면 먼저 할 일이 있다. 추진위가 머리만 있는 조직이 아니라 실무를 감당할 수 있는 손발을 먼저 갖추라는 것이다. 자기 업소 운영에도 바쁜 '사장님' 들이 언제까지 이런 일들을 자원봉사로 감당할 수는 없기 때문이다. 어쨌든 한식 세계화 추진위는 시대적 소명을 안고 첫발을 내딛었다. 하지만 그런 추진위가 한국 정부의 들러리가 된다거나 시간이 지나면 흐지부지되고 마는 유명무실한 단체가 되지 않았으면 하는 마음 간절하다.

이중국적자와 이중인격자

_ 이민자들을 위한 변명

"대한민국 국적을 포기한 사람은 더 이상 한민족으로 봐 줄 수 없다."

충격적이지만 이게 한국에서 이민자들을 대하는 일반적인 정서인 것 같다. 이는 얼마 전 동아시아연구원과 「중앙일보」가 함께 실시한 '한국인의 정체성' 설문 조사에서도 확인되었다. 설문에 응한 성인 남녀 1,038명은 진정한 한국인이 되기 위해서는 한국에서 출생했거나(82%), 부모가 한국인이어야 한다거나(81%), 평생 한국에서 살아야 하는 것(65%)보다 대한민국 국적을 유지하는 것(88%)이 더 중요하다고 대답했다. 그래서인지 국적을 포기한 한국인을 한민족으로 봐 주는 것에는 매우 인색했다. 고작 9%만이 계속 한민족으로 인정하겠다는 것이다. 반면 외국인이라도 한국 국적을 취득했다면 한민족으로 봐 줘야 한다는 사람은 28%나 됐다. 머리색, 피부색이 달라도 한국으로 귀화한 외국인을 이민 간 동포보다 심정적으로 더 가깝게 느낀다는 말이다.

전에는 안 그랬다. 일제 때, 6.25 직후, 그리고 1960~1970년대. 우리 기억이 닿는 한 한국 사람들은 외국으로 나간 사람들에게 훨씬 더 관대한 편이었다. 공부해 보겠다고, 돈 벌어 오겠다고 물설고 낯 선 땅으로 나간 사람들이라며 따뜻한 눈길로 봐 줬다.

그러나 세월이 흐르면서 점점 달라졌다. 1990년대 이후에는 반미 정서가 보편화되면서 특히 미국 이민자들에 대한 시선이 곱지가 않다. 요즘 한국에 다녀온 사람 중에도 괜히 주눅이 들고 불편한 경험을 했다는 사람들이 많다.

자업자득이라 했던가. 일부 약삭빠른 이민자들의 행태가 이런 결과를 자초한 면도 없지는 않다. 일부 지도층 인사들이 병역 회피나 재산 빼돌리기의 수단으로 곧잘 악용하는 원정 출산이나 이중국적도 문제였다. 나에게 이로울 때는 한국인이고, 조금이라도 손해가 된다 싶으면 철저히 외국인으로 행세하는 얌체들 때문에 이민자는 조국을 버린 배신자 취급을 당하고, 이중국적은 곧 이중인격과 동의어가 된 것이다.

이런 지적에 대해 일말의 책임이라도 느끼는 사람이라면 마땅히 가슴 치며 반성해야 할 것이다. 그러나 대부분의 이민자는 억울하고 분통이 터진다. 몸은 떠나 있어도 마음은 늘 한민족이라는 자부심을 가지고 살았는데, 졸지에 '내침'을 당하다니. 섭섭하고 서글프고 억울하고 분노마저 일렁인다.

나는 살다보니 미국이 좋아졌고, 10년이 넘게 지금까지 미국에 살고 있지만 내가 한민족이 아니라고 생각했던 적은 한 번도 없었다. 이미 미국 시민권을 취득해서 코리안 아메리칸으로 살고 있는 많은 분들의 생각 역시 나와 크게 다르지 않을 것이다. 무슨 대단한 이익을 기대해서가 아니다. 서류가 아무리 바뀌어도 나는 그저 태생적으로 한국인이기 때문이다. 몸은 떨어져 살아도 오늘의 나를 있게 한 고향 땅과 고향 하늘, 그리고 부모형제, 한국의 친지들과 심정적으로는 떨어지고 싶지 않아서다.

이민자들은 하나같이 정체성으로 고민한다. 정체성이란 나와 내가 속한 집단을 동일시하는 심리적 감정이다. 그래서 소속 집단이 잘 되면 내 일처럼 기뻐하고, 잘못되면 좌절하거나 슬퍼한다. 그리고 집단의 발전을 위해 다양한 방법으로 노력한다. 그런 점에서 보면 한인 이민자들은 영원히 한민족이다. 한국에서 아무리 이민자 흉을 보고 거리를 둔다고 해도 두고 온 조국과 민족을 모르는 척 하지 않는 것이 이민자들이기 때문이다.

화교들을 보자. 전 세계에 살지 않는 곳이 없지만, 그들을 중국인이 아니라고 하는 사람은 아무도 없다. 유대인도 마찬가지다. 조국을 떠나 수천 년을 방황하며 살았어도 유대인은 여전히 유대인이다. 우리라고 예외일까? 아무리 국적을 바꾸고 타 민족 흉내를 내며 살더라도 몸속에 흐르는 한국인의 피는 어쩔 수가 없다.

국적을 포기했다는 이유만으로 손가락질을 받아야 한다면 너무 가혹하다. 하지만 그것이 떠나 온 자의 숙명이라면 달게 받자. 그렇다고 그것 때문에 모국에 대한 사랑, 민족에 대한 애정까지 식히지는 말자. 설령 그것이 일방적 짝사랑이라 할지라도 우리는 대대손손 언제까지나 한민족이라는 이름으로 살아갈 것이므로…….

제 얼굴에 침 뱉기

_ 틈만 나면 한국을 흉보는 사람들

"한국은 안 돼! 제 앞가림도 못하면서 무슨 얼어 죽을 반미反美?"

"정치판 꼴 좀 보라지. 허구한 날 싸움질이나 해대니, 원."

"IMF가 한 번 더 와야 돼. 아직도 정신 못 차리고 있는 걸 보면."

미국에서 살다 보면 한인들 중에 이렇게 한국을 깎아내리는 사람들을 심심찮게 만난다. 사석에서는 물론 신문, 라디오 같은 공공 매체에서도 비슷한 종류의 말을 자주 접한다. 이렇게 사사건건 한국을 헐뜯고 비난해 대는 사람들 중에는 의외로 글 깨나 읽고 썼다는 사람들이 많다.

이들은 동포 사회의 유력 인사로 자처하며 방송 등에서 목청을 높이기도 하고, 재미 언론인 운운하며 한국 언론에 직접 글을 써대기도 한다. 그들은 기회만 있으면 한국을 트집 잡고, 한국 사람을 흉본다. 한국 정부가 하는 일은 뭐든지 잘못하는 것이고, 한국 사람들이 하는 것도 무엇 하나 제대로 된 게 없어 보인다. 정치, 경제, 사회, 문화 어느 것 하나 온전한 게 없다는 식이다.

이런 얘기를 듣다 보면 공감이 가는 부분도 있지만, 대개는 내 얼굴에 침 뱉음을 당하는 기분이어서 불편할 때가 더 많다. 내가 무슨 대단한 애국자라서 그런 게 아니다. 미우나 고우나 내 몸과 마음을 키웠던 곳이고, 지금도 내 피붙이가 살고 있는 그곳에 쏟아 붓는 험담이 그냥 듣기 싫기 때문이다.

자신은 들어가 살지도 않을 거면서 한국의 일거수일투족에 딱할 정도로 집착하는 것도 볼썽사납거니와 멀리서 감 놔라 대추 놔라 참견하는 것도 얼마나 우스운 일인지 모르겠다. 본인은 작심하고 내뱉는 말인지 모르지만 그것이 남에게 상처를 주고, 미처 알지 못하는 다른 진실까지 왜곡시킬 수도 있다는 생각은 왜 하지 못할까?

형태심리학에서 '형태 변환Gestalt switch'을 설명할 때, 흔히 이용되는 그림이 있다(그림 참조). 이 그림은 윤곽선을 기준으로 바깥으로 형태를 구성하면 두 사람이 마주 보는 그림이 되고, 안으로 보면 화분 받침대 같은 도자기가 된다. 물론 사람 얼굴로 인식할 땐 도자기는 보이지 않

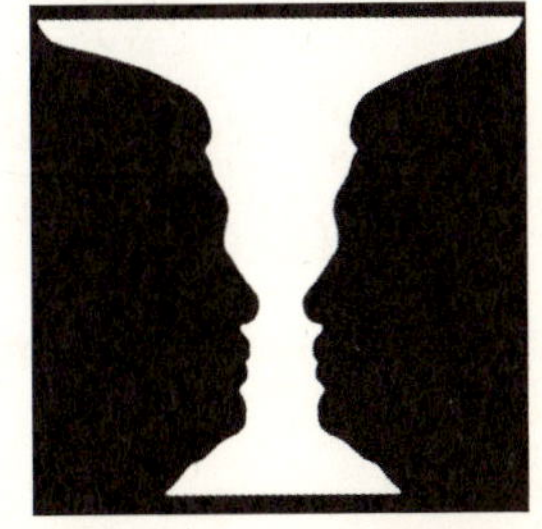

는다. 마찬가지로 도자기로 볼 때는 사람 얼굴이 없다.

이 그림은 동일한 대상을 두고도 사람이 어떤 시각과 심리, 정서를 갖느냐에 따라 전혀 다른 모습으로 뒤바뀔 수 있음을 일깨워 준다. 틈만 나면 남을 험담하는 사람들은 세상일이란 이런 그림과 같이 다른 측면도 있다는 것을 아예 생각조차 못하는 사람이다. 오로지 어두운 구석만 보도록 시각이 고정되어 있기 때문이다. 심리학에서는 이런 사람들의 내면세계를 매우 복잡한 굴곡과 층위를 지닌 콤플렉스로 똘똘 뭉쳐져 있다고 본다. 이런 유형의 사람 중에는 남을 조롱하고 비웃음으로써 자기가 좀 더 우월한 위치에 있음을 과시하려는 자아도취 환자가 많다.

나는 나이 40이 될 때까지 한국에서 살았다. 특히 1980~1990년대 격동의 시대를 혈기 방장한 20~30대로 보냈던 만큼 한국 사회의 치부들을 누구보다 많이 보고 느껴 온 세대다. 한국 흉보기로 치자면 그들보다 못할 게 없다는 말이다.

하지만 미국에 와 살다 보니 정말이지 한국을 헐뜯고 싶은 생각은 꿈에도 해 보지 않았다. 여전히 그늘지고 부정적인 모습들이 곳곳에 있기는 하지만, 그것은 다원화 된 사회로 가는 과정에서 필연적으로 나타날 수 있는 문제들이기 때문이다. 또 그런 단점들이 있다고 해도 그것이 한국의 더 많은 장점들을 가릴 만큼 큰 것도 아니기 때문이다.

사마천의 『사기史記』 「악의열전樂毅列傳」에 이런 구절이 나온다.

"군자는 교제를 끊더라도 그 사람의 단점을 말하지 아니하고, 충신은 나라를 떠나더라도 자신의 영예를 위해 제 나라를 욕하지 않는다."

君子交絕不出惡聲군자교절불출악성, 忠臣去國不潔其名충신거국부결기명.

남 험담하고 제 살던 땅 헐뜯는 것은 2000여 년 전이나 지금이나 모두 소인배들이나 하는 짓임을 일깨워 주는 구절이다. 내가 나고 자란 나라 등지고 나와 사는 마당에 충신, 군자가 되기는 이미 틀렸다 하더라도 돌아서서 욕하는 소인배는 되지 말아야 하지 않을까.

자식 앞에는 대책이 없다

_ 대학입시 계절에 느끼는 모순

대학 합격자 발표가 있는 입시철이면 아무개 집 아이는 무슨 대학에 갔고, 또 누구는 어떤 대학에 갔다는 이야기들이 무성하다. 그런 이야기를 들을 때마다 대수롭지 않게 여겼던 대학들의 문턱이 갑자기 그렇게 높아 보일 수가 없다. 전에는 눈에도 들어오지 않던 대학 이름들이 다시 보인다.

"그 대학도 괜찮은 것 같아. 우리 한국 사람들이 잘 몰라서 그렇지 꽤 유명한 대학이라는군."

집 근처 귀에 익은 대학들에 대한 평가조차 점점 너그러워진다. 그런 부모의 마음처럼 아이의 태도 역시 바뀌어 간다. 초등학교 때는 서울대, 연 · 고대, 하버드, 스탠포드 쯤은 이웃 도서관 정도나 되는 것처럼 쉽게 읊어대던 녀석이다. 그렇지만 학년이 높아갈수록 조심스러워진다. 주제 파악을 하는 것이다.

"꼭 SKY 대학만 대학은 아니잖아요. 이름 없는 학교 출신 중에도 유명한 사람 많아요." 이 정도면 갈만한 대학은 정해진 거나 다름없다. 하지만 아이 입에서 막상 그런 소리가 나오는 것을 부모는 견딜 수가 없다.

"공부 좀 해라 공부. 그렇게 펑펑 놀아서 뭐가 되겠니?"

잔소리가 이어진다. 속마음은 한 술 더 뜬다.

'살아보니 그게 아니더라. 뭐니 뭐니 해도 머니가 제일. 그러니 대학은 어떻게든 잘 나와야 하는 거야. 게다가 직업 확실한 과科도 중요하고.'

아, 속물! 그래도 아이 앞에서 그렇게까지 노골적으로 말하지는 못한다. 대신 이렇게 에두른다.

"공부가 다는 아니지만 그래도 공부만 잘 해두면 기회는 얼마든지 있어. 너 하고 싶은 것도 그때 다 할 수 있어. 전문 직업인으로 음악도 하고, 연극도 하고, 글도 잘 쓰면 얼마나 더 멋지겠니?"

그렇다고 아이가 달라지지는 않는다. 하염없는 실랑이만 반복된다. 정말 이렇게까지 해야 하는지 회의도 든다. 이게 진정 아이를 위한 길인가? 그냥 두면 세코이아 거목이 될 지도 모르는데 괜히 작은 화분 속의 분재로 만들고 있지는 않은가? 우선 보기는 좋지만 하루라도 물 안 주면 금세 말라버릴 온실 속의 나무 말이다.

언젠가 『가슴이 시키는 일』(김이율 지음)이라는 책을 읽었다. 한국의 슈바이처 고 이태석 신부, 해리포터의 작가 조앤 롤링, 세계를 감동시킨 오페라 가수 폴 포츠, 로큰롤의 제왕 엘비스 프레슬리 등 남다른 길을 걸어간 28명의 눈부신 삶이 담긴 책이다. 오직 마음의 명령을 따라 꿈과 행복을 완성시켜 갔던 사람들. 그들은 모두 상식을 뛰어넘었다. 머리를 뛰어넘었다. 대신 가슴으로 살았다. 그리고 이 세상 누구보다도 자신의 선택에 행복해 했다. 어쩌면 모든 부모가 아이에게 들려주고 싶은 이야기는 이런 것일 지도 모른다.

'가슴이 시키는 일을 하거라. 정말 하고 싶은 일을 위해 준비하고 달려가거라. 중요한 것은 남에게 보이기 위한 삶이 아니라 자신이 즐거울 수 있는 삶을 사는 것이란다.'

나도 아이에게 이렇게 말해 주고 싶다. 그런데 그게 잘 되지 않는다. 정말이지 성적이 행복의 척도가 아니라는 것, 수많은 동창, 친구, 지인들의 삶을 통해 충분히 확인하고 있으면서도 말이다. 그러면서 무슨 대단한 삶의 지혜라도 깨친 양 또 다시 이렇게 읊조린다.

'살아봐. 그게 아니야. 가슴이 시키는 일, 좋아하지마. 평생 목구멍이 시키는 일만 하게 될지도 몰라.'

그래봤자 조금 더 안정적인 직업일 것이다. 그래봤자 조금 더 많은 연봉일 것이다. 그런데도 거기에 인생을 걸어라? 아무래도 아닌 것 같다. 부모 세대의 가치와 통념을 넘어서는 더 넓은 세계가 우리 아이들 앞에는 얼마든지 더 펼쳐질 수도 있을 텐데 말이다. 그래서 더 어렵다. 진정 가슴이 시키는 대로 아이를 이끌어 줄 이 땅의 부모는 얼마나 될까?

자식에 관한 한 부모는 대책이 없다.

스피드 티켓을 받다

_ '빨리빨리' 하려다가 놓치는 것들

스피드 티켓을 받았다. 한국에서 속도위반 딱지로 부르던 바로 그것. 뉴욕에 살던 어느 추수감사절 저녁, 한적한 고속도로를 주행하던 중이었다.

한국에서 온 손님과 함께 쇼핑을 하고 오던 길이었다. 늘 그랬듯이 그날도 교통 흐름에 맞춰 가며 별다른 생각 없이 운전을 했다. 하지만 빨리 집에 가서 쇼핑한 물건도 보고, 식사도 해야겠다는 마음에 평소보다 속도를 더 높였는지도 모르겠다.

차를 세운 경찰은 보험증과 차량등록증을 한참 살핀 뒤 법정에 출두하라는 고지서를 끊어 주었다. 속도는 시속 77마일(125킬로미터쯤 된다), 제한속도 55마일에서 22마일이나 위반했다는 것이었다.

난감했다. 미국 생활을 시작하고 나서 처음 받는 과속 티켓이었다. 이 정도 위반이면 벌점이 6점이다. 뉴욕 주에서는 벌점 12점이면 면허 정지다. 벌금도 몇 백 불은 물어야 하고, 보험료도 해마다 천 불씩은 더 올라갈 지도 모른다. 하지만 그런 것보다는 바쁜 시간을 쪼개 법정에 출두해 곤욕을 치러야 할 내 모습이 훨씬 더 답답했다.

결국 인터넷을 뒤져 변호사를 선임했다. 출두해야 할 법정 근처에서 일하는 유대인 변호사였다. 그에게 상황을 설명하고 잘 처리해 달라고 부탁했다. 나는 지금까지 한 번도 과속에 걸린 적이 없는 모범 운전자였으며, 그날도 교통 흐름에 따라가다 보니 어쩔 수 없이 그렇게 된 것이라는 말도 덧붙였다.

변호사는 잘 알았다는 듯이 순순했다. 자기를 선택한 고객들은 대부분 만족한 결과를 얻었다는 자랑도 빼놓지 않았다. 또 변호사에게 사건(?)을 위임했으니 법정에 나갈 필요도 없다고 했다. 아니나 다를까 그는 한 번 잡힌 재판 날짜를 한 달 연기시키더니 얼마 안 있어 최종 판결을 받았다는 연락이 왔다. 벌점 없이 과태료만 100불을 내면 된다는 나로서는 기대 이상의 결과였다.

변호사 비용은 400달러였다. 한국 돈으로 50만 원쯤 되는 돈이다. 속이 쓰렸다. 순간의 잘못이었지만 대가는 가혹했다. 일을 되짚어 보았다. 과속을 하지 않았으면 가장 좋았을 것이다. 과속은 했더라도 운 좋게 단속에 걸리지 않았더라면 그것도 괜찮았을 것이다. 나중에라도 능력 있는(?) 변호사를 사서 최악의 사태를 막았다는 것은 그나마 다행이었다.

여기까지 생각이 미치고 보니 뭔가 처음부터 내 생각이 잘못된 것은 아닐까 싶었다. 도대체 나는 무엇 때문에 그렇게 빨리 달렸던가? 운전뿐만이 아니라 세상을 살면서는 왜 또 그렇게 정신없이 바쁘게만 달리고 있는가? 빠르다는 게 늘 좋기만 한 것일까?

수많은 현자賢者들이 갈파했었다. 서두를수록 더 늦어지는 게 세상 이치라는 것을. 하지만 나는 그것을 곧잘 잊어버리고 살았다. 허둥지둥 앞만 보며 정신없이 내달리기만 했다. 공부를 해도 늘 남들보다 앞서야 했다. 기다리던 버스가 오면 언제나 먼저 뛰어 나갔고 점심시간 종이 울리기가 무섭게 식당으로 달려갔다. 앞 차가 조금이라도 늑장을 부리면 이내 추월해야 직성이 풀렸다. 살아 온 방식이 다 그런 식이었다.

그러나 그게 아니었다. 중년의 반환점을 돌아가면서 이제는 빠르고 늦은 것이 좋거나 나쁘다는 말과 동의어가 아니라는 것을 어렴풋이나마 느끼게 된 것이다. 늦다는 것이 게으르다거나 무능력하다는 말이 결코 아니라는 것도 조금씩 알게 된 것도 이즈음이다.

『느리게 산다는 것의 의미』라는 책을 쓴 프랑스 작가 피에르 쌍소는 이렇게 말했다.

> "느림이란 시간의 재촉에 떠밀려 가지 않겠다는 단호한 결심이며, 삶의 길을 가는 동안 나 자신을 잊어버리지 않게 만드는 지혜로운 능력이다."

그의 말이 아니더라도 이제는 한가롭게 거닐고, 조용히 글을 쓰고, 타인의 말에 귀 기울이고, 경건한 휴식을 가짐으로써 오히려 더 많은 것을 얻을 수 있다는 말이 무엇을 뜻하는 지도 알 수 있을 것 같다.

스피드 티켓을 받은 다음 날부터 나는 당장 운전 습관을 바꾸기로 했다. 고속도로만 들어서면 70마일쯤은 예사로 달리던 것을 이제는 가능하면 규정 속도에 맞추기로 한 것이다. 그랬더니 정말 예측하지 못한 결과가 나타났다. 매일 다니는 길이었지만 전에는 미처 보지 못했던 것들이 눈에 들어오기 시작한 것이다. 두 팔 벌려 쑥쑥 자라고 있는 나무들, 푸른 하늘과 화사한 햇살, 형형색색의 구름들, 심지어 나를 추월해 가는 다른 운전자들의 여유로운 웃음까지도 다 볼 수가 있게 되었다. 그런데도 정작 목적지에 도착하는 시간은 그다지 차이가 없다는 것도 신기했다.

스피드 티켓 한 장으로 이렇게까지 '느림의 미학'을 깨닫게 됐으니 티켓 받은 그날이 그렇게 운이 나빴던 날은 아니었나보다.

흉보면서 따라간다

_ 지독한 유대인, 그러나 베풀 줄도 아는 사람들

한국 사람을 '동양의 유대인' 이라고도 한다. 사업에는 악착같고, 자녀 교육에는 치열하며, 종교적으로도 그 어떤 민족보다 열심인 민족성이 비슷하기 때문일 것이다. 하지만 유대인과 가까이서 지내 본 사람치고 그들을 좋게 말하는 사람은 의외로 많지 않다. 너무 비슷하면 잘 가까워질 수 없기 때문일 지도 모르겠다.

전 세계 유대인은 약 1,500만 명, 그중 절반 가까운 700만 명이 미국에 산다. 또 그 700만 명의 3분의 1이 넘는 250만 명이 뉴욕, 뉴저지, 코네티컷 3개 주에 몰려 있다.

내가 살던 롱아일랜드 역시 유대인 집단 거주지다. 우리 집만 해도 옆집, 뒷집, 또 건넛집 모두가 유대인이었다. 아이 학교에도 유대인 친구가 반이 넘고, 부동산 일을 했던 아내의 사무실에도 50여 명 중 90%가 유대인이었다.

미국의 유대인 밀집 지역은 웬만한 동네면 유대교 회당Synagogue과 유대인 커뮤니티 센터도 있다. 회당은 유대인들의 신앙과 민족적 동질성을 지켜 주고 있는 중심이다. '주이시 센터Jewish Center'로 불리는 커뮤니티 센터는 유대인들을 위한 또 다른 교육 공간이자 문화생활을 위한 공간이다. 하지만 유대인이 아니어도 누구나 이용할 수 있도록 개방하고 있다.

나도 한동안 집 근처 유대인 커뮤니티 센터에 등록해 운동하러 다녔다. 그곳에 다니면서 두 가지 특이한 점을 발견했다. 하나는 게시판에 이스라엘 방문자를 모집한다는 안내문이 항상 붙어 있었다는 것이다. 내용인즉 무료로, 아니면 최소한의 비용만 내면 그들의 모국 이스라엘을 구경시켜 준다는 것이었는데, 지금도 그런지는 모르겠지만 조건만 되면 외국인도 신청할 수 있어서 솔깃했던 기억이 난다.

다른 하나는 나 말고도 다른 동양인들이 꽤 많이 그곳을 이용하고 있다는 것이었다. 특히 저녁 시간에 수영장을 가보면 태반이 아시안이었다. 중국인, 인도인, 그리고 우리 한국인까지. 그러다 보니 어떤 날은 이곳이 유대인 센터가 아니라 아시안 센터가 아닐까 하는 착각이 들기도 했다.

알려진 대로 미국에서 유대인은 성공 이민의 대명사다. 수천 년을 나라 없이 방황해야 했던 그들이었다. 하지만 엄격한 신앙 전통과 치열한 교육열로 현실을 이겨내고 지금의 성공 신화를 일궈냈다. 하지만 그들에 대한 평판은 오랫동안 냉담했다. 지나치게 배타적이라며 손가락질했다. 관용이나 아량도 없으며, 오직 돈밖에 모르는 사람들이라며 수군거렸다.

그들도 알고 있었다. 그래서 택한 것이 자선과 기부다. 부정적인 이미지를 호의적 평판으로 바꾸고, 자신들의 영향력을 확대시키기 위한 수단으로 그것만큼 효과적인 것은 없다고 생각한 것이다. 그들의 판단은 적중했다. 미래를 위한 그들의 투자 방식이 오늘날 미국에서 누구도 유대인을 만만하게 볼 수 없도록 만든 것이다.

의도야 어찌됐건 축적된 부를 사회에 환원한다는 점도 나쁘지 않은 발상이었다. 우리처럼 제대로 된 커뮤니티 센터 하나 갖지 못한 이민자들에게 자신들의 시설을 함께 누릴 수 있게 해 준 것 역시 고마운 일이다. 그렇지만 정당하게 회비를 내고 다니면서도 자꾸만 무임승차를 하는 기분이 드는 것은 왜였을까?

동양 사람들이 판을 치고 있는 것도 그렇고, 우리 아이들이 조금만 떠들어도 괜히 신경이 쓰인다. 아버지의 이런 느낌이 전해졌는지 아들 녀석도 그곳에 갈 때는 괜히 쭈뼛쭈뼛 손님 행세를 한다. 이쯤에서 진부한 상상을 한 번 해 본다. 만약 이곳이 코리안 커뮤니티 센터였다면? 한인들이 주인이고, 다른 민족이 손님처럼 이용하고 있다면?

지금 같은 이질감은 당연히 없을 것이다. 오히려 다른 민족을 보면서 한껏 자상한 웃음을 지어보이며 뿌듯해 하고 있을 것이다. 아득한 꿈이다. 그렇지만 꿈이 아닐 수도 있다.

유대인들은 세계를 유랑하면서도 가는 곳마다 제일 먼저 회당을 세웠다. 그런 다음 힘을 보태 커뮤니티 센터를 지었다. 어떻게 보면 한인들도 비슷하게 가고 있는 것 같다. 세계 어디든 한국 사람이 있는 곳에는 교회가 세워졌다. 이제 커뮤니티 센터만 따라가면 된다. 종교를 초월하여 민족의 정체성을 일깨우고, 공동 운명체로서의 문화적 동질성을 전수하는 공간, 그것이 바로 커뮤니티 센터이기 때문이다.

다행히 뉴욕, LA 등 한인들이 많이 사는 곳에서는 우리의 커뮤니티 센터를 마련해야 한다는 인식이 높아지고 있다. 구체적으로 모금 운동까지 펼쳐진 곳도 있다. 미흡하나마 커뮤니티 센터 비슷한 이름을 내건 곳이 하나 둘 생겨난 것도 그 결실일 것이다.